当代大学生
德育中主题教育模式的
理论与实务探析

彭 昱◎著

中国水利水电出版社
www.waterpub.com.cn
·北京·

内 容 提 要

本书分别从主题教育发展的基本理论、目标与原则、教学艺术、开展主题教育的评价及所需要的教师素质方面等进行了详尽的探讨。从理论与实务的结合来看，只有坚持以人为本，紧密结合大学生思想上出现的新情况、新问题，有针对性地加强和改进工作思路和工作方法，学生主题教育活动才能够做到与时俱进，才能够加强教育的主动性、实效性、说服力和感染力。

本书内容层次分明、步骤清晰、具有针对性，是一本实用价值高的指导书。

图书在版编目（CIP）数据

当代大学生德育中主题教育模式的理论与实务探析/
彭昱著．—北京：中国水利水电出版社，2017.7 （2024.1重印）
  ISBN 978-7-5170-5721-5

  Ⅰ．①当… Ⅱ．①彭… Ⅲ．①大学生－德育－研究
Ⅳ．①G641

中国版本图书馆 CIP 数据核字(2017)第 188013 号

书　　名	当代大学生德育中主题教育模式的理论与实务探析 DANGDAI DAXUESHENG DEYU ZHONG ZHUTI JIAOYU MOSHI DE LILUN YU SHIWU TANXI
作　　者	彭 昱 著
出版发行	中国水利水电出版社 （北京市海淀区玉渊潭南路 1 号 D 座 100038） 网址：www.waterpub.com.cn E-mail：sales@waterpub.com.cn 电话：(010)68367658(营销中心)
经　　售	北京科水图书销售中心(零售) 电话：(010)88383994、63202643、68545874 全国各地新华书店和相关出版物销售网点
排　　版	北京亚吉飞数码科技有限公司
印　　刷	三河市天润建兴印务有限公司
规　　格	170mm×240mm　16 开本　12.75 印张　165 千字
版　　次	2018 年 1 月第 1 版　2024 年 1 月第 2 次印刷
印　　数	0001—2000 册
定　　价	64.00 元

前　言

　　中共中央、国务院《关于进一步加强和改进大学生思想政治教育的意见》(16 号文件)颁布以来,教育部、团中央以及部分高校积极尝试以主题教育的模式加强和改进大学生思想政治教育工作,涉及主题教育理论宣讲、实践活动、校园文化建设、网络建设等诸多方面,取得了良好的教育效果与成果反馈。大学生主题教育是新形势下高校德育的创新模式,是在尊重教育规律和大学生身心发展规律的前提下,强化德育中第二课堂日常教育对第一课堂理论教学的全方位衔接、扩充、深化和提升,努力探索二者相辅相成、相得益彰的长效教育机制,着力提高德育工作的实效性和针对性。主题教育的开展与加强不仅源于德育的现实需求,而且响应着实现民族复兴"中国梦"对高等教育的时代召唤。

　　近日来,习近平总书记在高校思想政治工作会议上指出,做好高校思想政治工作,要因事而化、因时而进、因势而新。要遵循思想政治工作规律,遵循教书育人规律,遵循学生成长规律,不断提高工作能力和水平。主题教育体系的发展正是在这一思想观念的指导下实现的。高校德育的主题教育推进工作必须要在最新理论体系的指导下展开,尊重教学规律和学生成长规律。为此,作者特别撰写了《当代大学生德育中主题教育模式的理论与实务探析》一书,从理论与实务的结合上探索大学生德育主题教育模式的发展。

　　本书在内容上主要安排了六章,分别从主题教育发展的基本理论、主题教育开展的目标与原则、主题教育开展的教学艺术、主题教育开展的几类内容、开展主题教育的评价以及开展主题教育所需要的教师素质方面做出了相关的探讨。从理论与实务的结合来看,笔者认为在开展主题教育模式之时,教育必须要站在教学规律和学生成长规律的基础上,以人为本地开展工作。只有坚持以人为本,紧密结合大学生思想上出现的新情况、新问题,有针对性地加强和改进工作思路和工作方法,学生主题教育活动才能够做到与时俱进,才能够加强教育的主动性、实效性、说服力和感染力。

时代在变化,世界文明的丰富营养,新时期的创新实践,以及大学生思想政治教育工作者的不懈探索,必将推动德育理论和方法的与时俱进。因此,关于大学生德育理论研究永远处于进行时。

因时间仓促及限于作者水平,书中难免会有疏漏、不妥之处,敬请读者批评指正。

作者

2017 年 5 月

目　　录

第一章　当代大学生主题教育发展的理论借鉴

　　教育一直是一个国家发展的重中之重，一个国家的教育水平与该国的发展有着密切联系，这种教育不仅仅是指文化知识的教育，同时还包括思想道德的教育。思想道德的教育从古至今都是中外思想家、教育家的研究重点，因为只有具备优良的道德品质才可能成为一个完整的人，一个对社会有用的人，一个能够体现自身价值的人。

　　当今高校对于学生的德育问题十分重视，开展主题教育已经是高校德育的重要方式。当今的思想教育是建立在现代教育理论和观念的基础上的，而现代教育理论和观念则需要传统的教育理论的支撑。

　　本章就介绍了一些高校开展主题教育时，借鉴的中外思想和教育理论。

第一节　马克思主义人学理论的指导作用

　　自古以来，思想家们都将以人为本当作一直追求的思想理念。在当今这个时代，人类社会对生命个体的尊重更加注重，以人为本的思想理念已经成为一种共同意识存在于社会之中。大学生的德育教育也应该遵循以人为本的思想理念，在尊重学生的前提下开展思想教育，只有这样才能让学生接受，深层次地对学生产生影响，从而使学生的思想上升高度。

　　马克思一生都在研究人类的自由解放，其中，人的全面发展是这种思想的核心问题。马克思对人的自由全面发展方面做了很多相关理论研究,进行了深入的探讨,我可以将这些理论加以利用,渗透到大学生的德育教育中去。

一、马克思关于人的全面发展学说的内涵

社会问题根本上是人的问题,社会的发展根本上是人的发展,人类的全面发展才可带动社会的发展。马克思的人学理论提出,教育是一种提高社会生产的办法,同时也是促进人的全面发展的唯一途径。在当今高校的思想道德教育中,马克思的人学理论不仅是促进人的全面发展的重要内容,同时对于大学生的德育有着十分重要的推动作用。

马克思的人学理论具有丰富的理论内涵,其中关于人的全面发展学说其中的核心理论。充分、正确地对马克思关于人的全面发展学说进行学习和研究,对推动社会主义初级阶段的发展具有重要战略意义。马克思关于人的全面发展学说的内涵主要包括以下三个方面。

(一)人的全面发展是人的能力的全面发展

社会的发展本质是人的发展,人的发展逐步向全面发展进行是一个必然的历史演变过程。社会是人的生活场所,人在社会中生存一定会与人、与社会产生各种联系。社会发展必然会引起社会分工,社会分工的发展就需要通过人的全面发展进行,为了实现人的全面发展,就要求人在体力和智力、能力和志趣、道德精神和审美情趣进行全面发展,多方面的发展,从而实现智力和体力的统一,精神劳动、物质劳动和享受的统一,生存和发展的统一。马克思在关于人的全面发展学说中提出,人以一种全面的方式,作为一个完整的人,最终占有自己的全面本质。这种人的全面发展必须建立在大工业生产和科技高度发展之上。大工业具有先进性和革命性,大工业的生产活动对劳动者的要求有着本质的转

变,同时具备几种技术或能力的劳动者会替代片面发展只掌握一种技术或能力的劳动者,以这种方式促进大工业大发展,同时促进只掌握一种技术或能力的劳动者进行学习,发挥自己的内在潜能,以人的全面发展推动社会的全面发展。所以可以看出,全民发展的主体是社会全体成员,而最终的发展结果将转化为社会成员的权利。

按照马克思人学理论的指导,可以将人的全面发展理解为人的能力的全面发展,这种能力不单单指体力和智力,而是指人的一切可以发展的能力,不论是外在的还是内在的。马克思认为人类的职责和使命就是全面发展自身的能力。将人类被赋予的一切能力通过劳动加以开发,最终将人的潜在可能性最大限度地开发与落实,使人成为全面的人,推动社会向前发展。

马克思关于人的全面发展的理论中提到的能力主要可以分为两类。一类是显性能力,这种能力是可以从外部看到的,例如体力、智力、德行等;另一类是隐性能力,这种能力不能从外部直接看出,是一种运用自身的知识和技能去解决问题的内在能力,例如思维能力、判断能力、逻辑能力等。不论是显性能力还是隐性能力都是人的全面发展的重要内容,想要成为完整的人就要充分激发自己的全部潜能,全面发展各方面能力。并且,这些能力不是相互独立的,它们之间有着错综复杂的关系,相互依托、共同作用。例如人的智力与理解能力、思维能力等就有一定联系;人的体力、意志力等都包含着一定的自然力;人的社交能力需要依靠思维能力、逻辑能力、表达能力等。

人的全面发展需要一系列具体条件才可以开展。教育是实现人的全面发展的必然途径,通过教育,可以提高人本身就具有的能力,同时可以引导和激发人的内在能力。在马克思关于人全面发展学说的理论指导下,人能够充分认识自然,认识社会,作为主人推动历史前进和社会发展。

(二)人的全面发展是人的个性全面发展

人的个性是指一个人在思想、性格、品质等方面的独特性,表现在一个人的行为方式、情感方式等上。人们在生活中体现出的外在能力、性格特质、心理倾向等都属于个性，根据不同的个体，这种个性是不同的，具有独特性和差异性。个性的最高表现形式为人的创造能力，它的本质是主体对现实的超越。

个性发展是马克思主义关于人的全面发展理论的核心内容。马克思在研究中十分注重人的发展的研究，因为人的存在才可能有人类历史的存在。马克思主义提到的个人发展，是指人的全面、自由、和谐发展；他所指的个人，是社会中的人，而不是单独存在的个体。人的个性发展是一种本质发展，因为人的个性是人的本质体现。发展个性，就是人的内在构成要素的协调发展，同时也是各种心理要素的完善。因为每个个体具有特殊性，所以人的全面发展要尊重这种个体差异性，根据不同个体的个性、心理、兴趣等进行不同发展。

1. 人的个性首先体现在个体的独特性

人存在个体差异，如果无视这种独特性进行无差别的发展会影响到人的自由发展，这反而是对人的全面发展不利的。采用无差别的固定发展模式会限制人的自由发展的空间，会影响人的个性发展，会影响人的创造力的发展。马克思提倡的全面发展是一种尊重个体、注重个性的发展方法。马克思认为在确定人的全面发展的大目标后，要进行尊重个体个性的发展方式，虽然最终目标是每个人实现全面发展，但在实现目标的路径上应该根据个体差异而进行。因为，马克思认为，人的个性是推动社会发展的重要动力，不可忽视。

2. 个性发展体现在个体的自主性发展

自主性发展建立在人的全面发展基础上，是指人按照自己的意愿进行个性化发展。以马克思的思想观点作为基础，可以认为独立、自主、自由是一个连续的发展过程，只有个体达到独立才能形成个体的自主，只有个体自主才能达成个体自由，而只有在自由这一基础条件下,才会形成个性。真正意义上的全面发展是以尊重个体为基础的,保证个体的独特个性,进行有个体差异的多样化发展,不是固定模式的单调发展。只有充分发挥出个体的差异性,才可能激发出个体的全部潜能。为了使人们的个性得以彰显,就要为每个个体在社会中提供空间,并为个体提供充足的发展时间。因为想要促进全人类的全面发展,就要尊重每个个体的个性,让他们的独特个性有机会得以充分展示,只有这样,才能充分激发个体的活力和生命力,才可能实现个体内在潜能的发展,从而实现全面发展。

3. 个性发展是人的主体性水平的全面提高和发展

主体性是指凭借自身综合能力与实践活动而处于支配地位,成为个体所具有的特殊属性。人的主体性是人在实践活动中所表现出来的能力、作用、地位,也就是人的目的性、自主性、能动性、创造性等特性。人的主体性的全面发展一方面是指使其特殊性充分发挥;另一方面是指人成为自然、社会以及自身的主体。按照马克思的理论,可以理解为通过发展人的主体性,人会成为社会的主人,成为自然的主人,进而成为自身的主人,一个完整的自由的人。

4. 个性发展是人的价值的全面实现

这里提到的价值是指两个方面:一是人对社会的价值;二是社会对人的价值。人本身既为价值的主体,又是价值的客体。人在社会中是价值的受众,同时自身也会创造价值。人的价值主要体现在个人价值和社会价值,两者相辅相成、紧密联系,个体通过社会实现自我价值,在这个过程中也体现了个体的社会价值。个体是具有差异性的,所以个体的价值也各不相同,人的价值不可能被模式化,也不可能由外界进行设计和打造。人的价值是在尊重个体个性的前提下,表现出来的一种形态。

在过去很长一段时间,教育者在对学生进行思想教育的时候,往往把重点全部放在人的社会价值上,但人的自我价值却被忽略了。虽然社会价值是人的价值的主要体现,人的自我价值也是通过社会得以表现的,但随着社会的不断发展和进步,不难看出人的自我价值在推动社会发展中也占据重要地位、起着重要的作用。按照目前的社会发展来看,人的全面发展,人的自我价值实现,将会成为推进社会发展的重要力量。所以,大学在进行德育教育时要尊重学生的个性,要为他们实现自我价值提供时间和空间,让他们的个性得以展现,帮助他们实现全面发展。人的个性发展是符合社会价值的,是一种人性化的自由化的发展。

人的全面发展的性质决定了人的任何状态都是历史性和暂时性的,并没有哪个具体的状态意味着发展达到了最终程度,它永远是个阶段性的状态。全面发展并不会到达某一个阶段就停止,它没有一个具体的最终形态,这种发展是人的一生都在进行的。所以,不能让学生认为毕业就代表着发展的终结,毕业只是一个阶段的结束,应该马上就开启下一个阶段,能力的发展是没有终结的,全面发展是一个持续的长期的过程。目前还存在很多对全面发展的不正确认识,比如对教育目标进行过度设计、对自身价值体现的忽视、对文凭等证书的过度看重等。我们应该让学生理解,全面发展是一项终身事业,是需要不断努力、循序渐进去实现的目标。

（三）人的全面发展是人的需要的全面发展

按照马克思的思想理论来看,人是追求全面发展的,但总会有一些社会因素对其进行干扰,让人们不能自由地进行全面发展。在过去很长一段时间内,人们的需要总被社会压抑,想要促进人的发展,就要建立使人能够解放的社会形态,社会的发展方向要以人的解放作为指导,力争建立符合人性发展的社会。

人的需要是想要获得客观事物的心理倾向,是根据内外客观环境做出的反应,它源于自然性要求和社会性要求,同时它还可以从内部推进人的全面活动。人在开展全面活动时,可能形成多层次的需要体系。例如,挖掘出个体的潜在能力并最大限度地发挥;个体精神世界的更加全面而深刻;道德观念和自我意识的相对全面性。

马克思提出,人的需要就是人的本性的反应,这就说明个体按照意愿开展活动以获取自己的需要,是个体的权力,同时这种发展可以促进人的全面发展。

人的需要具有丰富性和普遍性,发展这种人的需要是人的全面发展的条件,只有满足人的需要才可能达成人的全面发展。人的需要不是模式化固定化的,而是根据人的独特性有不同的需要,个体通过对这种独特性的需要进行探索和发展,最终达成人的全面发展。而且,需要是持续的,会不断有新的需要产生,不停地探索和追求就是发展的过程,所以人的需要的发展促进人的全面发展。

二、马克思主义关于人的思想教育的比较研究

(一)传统德育在当代面临的挑战

1. 价值取向片面

人的价值包括社会价值和自我价值,它们相辅相成、紧密联系。个体通过实践活动给予社会或他人贡献形成他们的社会价值;通过个体的贡献,社会对这种贡献的肯定表现为自我价值。通过德育要解决学生的思想、理念、观点等一系列问题,这种社会实践活动既要满足社会需要,同时要满足个体需要,只有两方面同时满足,达到一种和谐统一的状态,才能达到最佳德育效果。这也可以理解为,德育要在个体的社会价值和自我价值两个方面同时推进,同时产生作用。由于曾经的发展程度和社会形态问题,在思想教育的过程中,人们一再强调社会价值的重要性,并灌输个体要服从社会的思想,因此,个体的自我价值遭到忽视甚至

是否定,个体的个人需要得不到满足。将个人价值放在社会价值的对立面,是违背了二者关系的一种行为,这样会导致个体需要无法得到满足,个人价值无法发展。当人的个人需要得不到满足时,他们的个性无法发挥,就会导致个体进行发展活动的积极性和创造性下降,很大程度地抑制和减缓了人的全面发展,也无法达到德育的真正目的和意义。

2. 理论内涵不足

随着时代的发展,我国的经济、政治和社会发生了天翻地覆的改变,传统的思想道德教育中的政治核心已经无法体现现在的时代特点了,其中关于政治的核心部分不能适应当今的政治关系。随着时代的发展,社会经济活动越来越丰富多彩,这也影响到了政治方式和关系,单一政治无法覆盖整个社会,政治开始与经济等方面产生更多的交流,也更普遍地融入社会中。因此,一些曾经依靠政治手段就可以解决的问题,现在则需要政治、经济、法制等多个层面的共同作用,同时进行管理和调控才可以实现。因为这种社会性质,传统的单一的政治内涵无法涵盖当今的社会生活,这就导致传统的思想道德教育的理论内涵不够全面,以此为基准实施教育,理论说服力会降低,严重影响了教育的效果。

3. 教育内容狭窄单一

按照马克思的相关理论可以看出,人进行活动的积极性与人的需要有很大关联,一种需要越强烈,它所带来的相应的活动积极性就越高。人拥有一套复杂的需要系统,这一系统是包含很多层次的,它包括生理和心理的需要、物质和精神的需要、低层次和高层次的需要,不同的需要要通过不同的活动才可以得以满足。然而传统的思想政治教育一味地强调人的精神需要,却回避和忽略人的物质需要,这是违背人的需要规律的,是一种不正确教育理念。物质是最基本的需要,是其他需要的基础,人们对自身的发展、对其他需要的追求都需要物质基础,人的一切追求都与利益相关,这是一个不可忽略的重点。只谈理想追求、奉献精神,而回避物质和利益,只是一种唯心论,是一种不科学不正确思想。传统德育在精神需要教育中专注于政治方面的思想教育,对人的心理需要以及道德情感需要并没有进行着重教育,这种只向人们灌输政治理念却忽略个人精神关怀的教育方式太过理想化,对理想和信念有过于盲目的信任,这与马克思的理念有冲突,也不符合当今的时代特征,使思想教育的内容不充实,教育的效果不明显。

4. 教育方式缺乏时代感和针对性

人是社会的人,人性通过不同的环境展现不同的面貌,所以思想教育的方式要符合环境的变化,要具有时代性和针对性。在当今这个时代,经济全球化、世界多极化、科学技术飞速发展,我国的社会主义市场经济也在不断地进步和发展,经济结构、组织形式、利益分配等与曾经大不相同,呈现出多元化的繁荣局面。在这样的社会环境下,人们的思想更加独立、多样、个性。然而在社会的高速发展下,也会引起一些不健康的思想出现,例如过分的自由主义、拜金主义和利己主义,同时因为历史遗留问题,我国还有一些陈腐的落后思想没有被完全消除。这就导致社会出现多种思想交织在一起的错综复杂的局面,人们的价值观出现了不可避免的差别,导致了人性的复杂。

面临这一复杂的局面,思想教育就显得尤为重要,如果继续沿用传统的思想教育方式是无法解决出现的新情况新问题的。应该进行具有时代性和针对性的教育,对症下药地对人们的思想进行疏通,让人们能够在正确的思想观念下进行活动和发展。要以正确的理念作为教育基础,因地制宜、因材施教地进行教育,如果忽略时代和针对人群的特殊性,那么思想理论的精髓就无法让人们接受,思想教育也不可能达到预期的效果。教育必须要紧跟时代发展的步伐,用最适合的方式帮助人们梳理思想、解决困惑。

(二)现代德育的人性化和现代性超越

任何理论只有顺应时代的要求不断地发展和进化才能保持活力和有效性。我们想要运用马克思主义进行大学生的思想教育,就要与时俱进地合理运用。现代德育理论一定要保持时代性,才能让理论发挥效力。

1. 统筹个人价值与社会价值,实现价值理论的人性化超越

人的价值包括两个方面,社会价值和个人价值。在过去很长一段时间内,在进行思想道德教育的时候都在强调人的社会价值,强调人们应该响应国家的需要,为社会和国家的发展做出贡献。但个人价值却很少被提及,像是不存在一样的被忽略。这导致人们认为思想教育就是一种灌输为社会服务、为国家服务的教育,这种教育方式中的主体是国家和社会而不是人本身,这并不是一种很好的教育方式。根据实践可以看出,现代思想教育不是一种成型的固定的发展方式,而是人们认识自我、发展自我的一种方式,并且这种方式在人们生活中的地位越来越高,对人们的影响越来越大,已经成了人的全面发展的必要途径。进行思想道德教育的本质目的是让人们可以在社会中更好地生存和发展,最终目的是实现人的自由全面发展。为了更好地贯彻思想道德教育,应该从社会价值和个人价值两个方面同时进行。保证通过思想道德教育可以使人们更好地为国家和社会服务,奉献自己的力量;同时保证教育注重个人价值和利益的追求,为人们实现个人价值提供支持和助力,促进个人的自由全面发展。只有将社会价值和个人价值有机结合在一起才能发挥出现代教育的原本能量。

2. 优化教育方式,实现现代思想教育的人性化超越

马克思的人学理论中提出,人具有自然性、社会性和精神性,是一种复杂的综合体,人在社会实践活动中会产生各种需要。思想道德教育的目的是以理论知识为基础向人们传达健康正确的

思想观念,从而使人们可以进行自我发展、自我完善,是一门具有深厚人文关怀内涵的学科。

现代一些理论学派认为,关心与被关心是人的基本需要,人们需要尊重、理解他人,同时也需要被他人尊重和理解,这种彼此关心让人们更好地生存和发展。现代主题教育要改掉传统思想道德教育的弊端,要按照不同个体和群体的不同需求进行差别教育,注重人文关怀,要尊重个体,理解个体,不可以强制性地进行思想灌输,要注重主题教育过程中的人性化部分,实现模式上的人性化超越。为了更好的教育效果,加强现代主题教育的人性化建设是必不可少的步骤。在进行现代主题教育时,应该将重点放在对人的心理关怀上,要促进人的内心和谐,及时进行人文关怀和心理疏导。引导人们正确看待自己和他人,对自己面临的挫折、困难和荣誉要有正确的认识。要建立起全面的心理咨询网络,保证人们的心理问题可以及时得到疏导,努力让社会整体维持一种自信、平和、积极的状态。只有加强人文关怀,建立起健康的社会心态,才能使得主题教育起到推进社会主义和谐社会的作用。

3. 构建主体性思想道德教育模式,实现现代思想道德教育的现代化超越

人的主体性是作为社会活动主体的人的本质属性,指人在创造自己历史的活动中所表现出来的能动性、创造性和自主性。马克思一直强调人的主体性,强调人是社会的主体,社会的发展实质是人的发展。人的主体性的发展是人的全面发展理论的重要内容,只有人的主体性得以发展才能达到人的全面发展,它是实现人的全面发展的必要条件。在传统的思想道德教育中,受教育者的主体性被压抑,教育者的主体地位被绝对化,受教育只是被动地被灌输思想,沦为一种容器和工具。在这种教育模式中,教育者作为绝对主体,拥有绝对话语权,他们自顾自地将各种思想、理论灌输给受教育者,忽视受教育者的感受和想法,受教育者成

为被动吸收的客体,成为一种固化思维只需接受规范要求的工具。

传统的思想道德教育将教育者当作主体,受教育者当作客体,这种消极的思想灌输方式达到的教育效果并不好。因为受教育作为人的主体性被压抑,他们在接受教育时是消极的,没有主动性和活力的受教育者是不可能很好地吸收理念和知识的。所以,在进行现代思想道德教育时,一定要注重受教育者的主体性,将教育者和受教育者放在同一地位上,要建立两者间平等关系,按照马克思关于人的全面发展理论的指导进行教育工作。要将人的全面发展作为目标,建立以人为本的教育模式,实现现代主题教育的现代化超越。

三、人的全面发展学说对大学生德育的理论指导

(一)全面发展学说要求高校德育以大学生全方位协调发展为宗旨

要实现人的全面发展就要进行全面且良好的教育。以马克思关于人的全面发展学说作为理论基础,联系当今大学生的学习生活状态,高校进行德育必须要具有时代性,教育目标要以大学生的全面发展为重点,力图提高大学生的整体素质,为他们今后的全面发展提供基础。具体表现在以下三个方面。

1. 人的身心的全面发展

根据当今社会状况以及大学生的生活思想状态,进行符合大学生全面发展规律的思想道德教育,要注意尊重学生的个性,采用多种渠道和方式,打开思路、放宽视野,全方位地促进大学生身心健康的成长。现在是一个竞争激烈的时代,不论是学校还是社会都充满了各种竞争,很多学生无法自己调整好心态,导致一些心理问题的出现。这时,就需要高校进行适当的心理疏导来帮助

学生面对和解决自己面临的问题。教育者要开展德育,让学生们可以正确认识自己,认识他人,能够在激烈的竞争中保持良好的心态,帮助他们进行心理疏导,引导他们进行自我疏导和自我调节,面对挫折和挑战要保持积极向上的乐观态度,帮助他们全面发展,形成健全的人格。

2. 人的活动能力的全面发展

人的活动能力包括认识能力和实践能力,要同时全面发展这两种能力。为了发展认识能力,应该鼓励学生深入实际,调查研究,占有丰富的感情材料;还要勇于思考,善于思考,通过现象看到本质。为了发展实践能力,应该鼓励学生积极参加实践活动,丰富自己的认识,要杜绝认识先于实践的唯心理论。要调动学生发展自我的积极性,根据个体个性激发他们的内在潜能,全面发展学生的活动能力。

3. 个体和社会的协调统一与全面发展

协调发展是人的全面发展的重要内容,也是人的全面发展的前提。人的协调发展是指人与社会、自然、自身之间建立起和谐的关系,进行协调性的发展。高校进行德育,应该同时注意这几种关系,让学生能够与社会、自然、自身进行协调发展。

教育者在对大学生进行思想教育的时候,要注重实践,不能单纯地授以书面的理论内容,要根据不同学生的不同情况进行合适的教育。走进学生的生活,全面了解学生的学习和生活,在了解学生面临的具体困难后,在与其进行沟通和交流,帮助他们构建健康向上的心理状态,帮助学生能够正确对待社会,对待他人,对待自己,帮助他们全面发展。对校内的困难学生要给予特别重视,帮助他们完成学业,帮助他们塑造正确的认识,让他们可以以健康良好的心态和状态进行学习和生活,为他们今后的发展打下基础。

在对大学生进行教育的时候,要重点培养他们的自立意识、竞争意识、效率意识、民主法制意识,求知精神、科学精神、服务精神、开拓创新精神等,要引导学生以全面发展为目标要求自己。同时还要培养学生的自觉主动性,让学生可以自主学习自主发展,使学生可以自我协调发展。当今大学生,存在着信仰缺失的问题,这导致他们没有人生方向和奋斗目标,教育者应该对他们的心理模式以及内心需要进行探索和分析,挖掘学生的内在潜能,激发他们的活动动力。按照马克思人学理论的思想,培养学生健康向上的世界观、人生观和价值观,让他们找到人生理想和前进的方向,建立良好的意志品质和道德理念,促进学生健康成长、全面发展。

(二)全面发展学说要求高校德育充分尊重发展的差异性

马克思的人学理论关注人的全面发展,但也没有忽视人的独特性,他提倡在尊重人的个性的基础上进行全面发展,只有这样才能激发出人的潜能,实现全面发展的目标。

随着时代的发展,人的理念和观点发生了转变,人的主体性成了推动社会进步的核心,人们的主体意识不断增强。主体性是人的本质属性,忽视或是压抑人的主体性是违背发展规律的行为。在当前社会,人的主体性发展渐渐地不再受到压制,人们的主体性得到解放,开始更为全面地发展。

在当今社会,高校开展思想教育不再像传统的教育模式那样,填鸭式地向学生灌输知识和理论,忽略学生的主体性,将学生作为一种载体和工具进行教育。而是将学生作为教育活动的主题,尊重学生,根据学生个性特质进行适当的教育。学生的主体性发展对其全面发展有重要作用。如果不考虑学生的主体性,学生在接受教育时会失去动力和热情,也不会主动进行思考和研究,这样不会有好的教育效果,也无法提高学生的能力。

进行德育的目的之一就是培养适应社会的人才,而现在这个时代需要具有创新精神的人才,这样的人才只有在尊重个体的主体性的基础上才能培养出来,因为创新精神需要强大的内在动力支持。个性是主体性的一个独特表现,创新精神和创新意识是个性发展的一种表现形式,不可以只强调这种表现形式而忽略个体这个整体。如果只强调个性中的一个方面,就会导致学生的个性发展出现片面性,不利于学生的全面发展。为了全面发展学生的个性,高校应该进行教育制度的改革,要通过正确的引导调动学生的主观能动性,激发他们的内在潜能,以此促进学生可以按照个性自由全面发展。这需要高校通过各种方式和方法进行多样化的教育,要尽可能满足学生的个性需要。

全面发展和个性发展应该同时进行,他们的发展方向和目标是一致的,全面发展是个性发展的基础,个性发展是全面发展的条件。因为内部原因和外部原因,每个学生都存在独特的个性,他们的外在条件、心理特征、兴趣爱好和人生理想都不相同。学校应该在尊重学生个性的基础上进行思想教育,要重视学生独特的个性,个性发展才能更好地激发内在潜能。学校应该建立一个基本的目标,包括德、智、体、美、劳各个方面的内容,在保证这个大前提的要求下,根据学生的个性进行不同的教育,采用最适宜的方法,使用最合适的内容。教育者要充分了解学生的个性,注重学生的个性发展,采用合适的方法引导学生的全面发展。只有在尊重个性的前提下进行的教育,才能培养出有创造精神的学生。

(三)全面发展学说要求平等对待所有学生

人的全面发展是人类彻底解放的条件,只有实现社会全体成员的全面发展,才能实现人类的彻底解放;只有实现人类的彻底解放,才能实现社会的彻底解放。人的自由全面发展学说提出人的发展受生产力和生产关系的制约,也就是说我们在开展教育的时候应该充分利用现在的生产力和生产关系。人的发展是不能独立存在的,而是决定于与他有直接或间接地人的发展决定的,这种联系是具有连续性的,可以随着时间向下流传。后代的发展无法脱离前代的发展,他们继承了前代的生产力和生产关系。也就是说,发展是一个长期的持续的过程,具有继承性,一个人的发展是与其他人的发展密切相关的。这种发展无法脱离前代人的历史,也无法脱离与自己同时代和自己产生联系的人的历史,而是有这种历史决定的。

教育和人的发展密切相关,所以教育与人的发展一样具有时代性和区域性。根据马克思的人学理论,高校进行主题教育必须关心每个层次学生的不同需要,要按照学生的发展规律展开教育。要用平等的目标看待每一个学生,尊重学生的个性,促进每个学生的全面发展,不能将目光只放在所谓的优秀学生身上,而是要关怀全体学生并帮助他们进步。要根据不同学生的不同个性和特点进行教育,做到走进学生的生活,因材施教。同时为了达到更好的教育效果,高校应该开展丰富多彩的教育活动,不能让教育过于单调枯燥,尽量地多元化。比如同时开展家庭教育、学校教育和社会教育等。只有这样才能使高校主题教育是使之有效的,是能真正帮助学生全面发展的。有效教育的目的是全体学生的全面发展,激发每一个学生的内在潜能,更好地完善自己。

第二节　西方德育理论的启示与借鉴

自古至今,教育一直是推动人类发展的重要因素。在西方也有很多杰出的思想家、教育家提出过伟大的教育思想,这些德育理论在教育史上有着极其重要的意义和价值,推动了教育理念随着时代的进步不断地更新和改革。

我们可以通过这些德育理论思考现代教育,借鉴这些德育理论完善现代教育理论。

一、卢梭自然教育理论的道德教育思想

让·雅克·卢梭(1712—1778)是法国启蒙思想家、哲学家,

自然教育思想的主要代表人物。1972年他出版了教育名著《爱弥儿》，书中提出教育应该遵循自然，这是教育史上第一次有人明确提出这种观点。卢梭认为，教育应该自然进行，应该培养具有反封建意识的人民，坚决反对死记硬背、体罚和摧残儿童个性的教条式的教育模式。这一理论在教育史上有很重大的意义，划分了新教育与旧教育。卢梭的道德教育思想就是以这种自然教育理论作为基础的。

卢梭的德育思想的基本法则是自然教育原则，而自然教育原则以天性论和感觉论作为基础理论发展而来。自然教育原则是卢梭德育思想的基本法则。卢梭的自然教育原则建基于他的天性论和感觉论。他认为人生而秉承自由、理性和良心，这构成了人善良的天性，但因为时代和社会的污浊不堪限制了人们的天性，让人们不自由，让人们变得不再善良。同时，卢梭的教育论包含感觉论的内容，他认为理性教育应该建立在感官经验的基础上，他认为人们学习哲学的启蒙老师是自己的眼睛和手脚。按照卢梭的教育理论，我们可以看出他认为教育来自三个方面，自然、他人和事物。来自自然的教育，是指人的内在发展，包括生理和心理；来自人的教育，是指他人对于内在发展的应用的指导；来自事物的教育，是指人们在生活中影响自己的事物中获得知识与经验。自然教育是决定于人的本性；事物教育是一种环境教育，这是可以进行一定程度的把控的；来自他人的教育取决于教育者，对于受教育者而言是难以把控的。但是每个人的内在都是不同的，教育者必须按照受教育者的心灵形式进行教育，如果不按照受教育者的内在心灵模式进行教育，教育将不会产生良好的效果。可以看出，自然的教育不是人为可以控制的，但人生性善良，自由、理性和良心是人的天性，顺应自然就可以在保持这种善良天性的基础上进行教育。在进行教育的时候，要将自然教育作为教育核心，人的教育和事物的教育都应该服从于自然教育，这样自然就可以达到教育目标。

卢梭还提出了自然教育分期理论和德育内容与方法。以自然教育原则作为基础开展教育,首先要保证教育要顺应自然。为了保证教育的顺利开展就要做到以下两个方面。第一,在开展教育时要将人的自然发展进程考虑进去,以此为基础制定教育的目标、方式和内容,并确定教育分期理论。第二,进行道德教育时要充分考虑人的善良和自爱的天性,因为道德教育是与人的情感紧密相连的一种教育,在这种教育中要着重发展善良和自爱这种天性,以此形成博爱这种情感。

卢梭认为,根据个体处于不同年龄阶段表现出的内在与外在特点的不同,实施教育的重点也不同。自然教育可以划分为以下四个时期。

第一个时期为幼儿期,对于这个时期的个体应该顺应他的自然发展,让他进行身体、感官和心灵的自然发展。

第二个时期是儿童期,这个时期的个体开始进行理智发展,但还未成熟。这个时期的教育重心应该是发展感觉,要让个体从这个时期开始养成良好的生活习惯,具有正确的感情倾向,在遵循自然的基础上引导个体要自爱还要爱他人。运用自然后果法对个体进行教育和惩戒。

第三个时期是少年期,这个时期的个体心智开始成熟,应该将教育重点放在个体的各项学习能力上。按照自然发展法则锻炼个体的思维能力,激发他们主动学习的热情和动力。同时要开展实践教育,在实践和劳动的过程中,培养个体的社会责任感,让他们形成社会义务的概念,进一步开发个体的内在善良。

第四个时期是青年期,这个时期的个体生理和心理都开始走向成熟,应该重点开展道德教育、信仰教育和性教育。这个时期德育的目标应该是进一步发展个体人性善良的部分,让他们形成正确向上的思想道德观念,培养他们坚韧的意志品质。

卢梭认为青年期是道德教育的重点时期,但在幼儿期、儿童期和少年期的教育中也涉及了很多德育的内容,这为在青年期开展德育奠定了坚实的基础,有利于更好地在青年期培养个体的思想道德情操。

卢梭的道德教育思想中,自然教育原则得到充分的表现,可以概括为,道德教育以情感培养为主要内容,以实践活动的学习为重要路径。一方面,要保证受教育者在教育中的主体地位,受教育者作为主体进行自然成长并接受教育,在遵循自然发展规律的基础上对受教育者进行道德教育。从最初的行为习惯培养,到道德意识培养,再到思想道德品质的树立,要循序渐进地开展教育。另一方面,卢梭强调教育要通过实践活动进行,坚决反对填鸭式的教条主义教育方式,强调教育方式应该用行动代替言语。

二、班杜拉的社会学习道德教育理论

阿伯特·班杜拉(1925—)是美国新行为主义心理学家,社会学习理论的创始人,他于1977年出版的著作《社会学习心理学》标志着社会学习理论的诞生。班杜拉认为,人类行动大部分时间都是通过对榜样的观察和模仿进行的,也就是说个体通过观察他人来决定自己的行动。这种通过观察和模仿进行的行为学习是在一定的社会环境下产生的,班杜拉称为"社会学习",他认为这种学习形式是人类社会中的一种重要学习形式。社会学习道德教育理论主要进行儿童道德行为的社会性因素方面的研究,特别是班杜拉把儿童生活时空中受到的各种影响解释为供儿童模拟的榜样示范,以此进行了大量的研究。班杜拉通过长时间地对儿童的模仿行为进行观察,研究这种榜样示范对儿童道德行为的影响,通过大量研究得出了一些十分有用的研究成果,并以此建立了影响广泛的道德教育理论学派。

班杜拉提出,儿童对于榜样的观察学习过程分为四个步骤。

第一个是注意过程。进行模仿的前提就是进行观察,而观察就需要引起注意。每个个体周围都有大量的示范信息,个体会通过自身选择确定观察和学习的目标,而这个注意过程与个体的自身偏好、示范者的个体特征以及人际关系结构有很大关系。班杜拉的理论中尤其强调了人际关系结构对注意过程的影响,因为人际关系结构决定了个体的生活空间和层次,根据不同的人际交往空间和范围会产生不同类型的模范范本,产生不同的可供学习的行为类型。

第二个是保持过程。当个体选择了模仿目标后,就会进入保持过程。将观察到的示范行为以信息符号的形式进行储存,这样在以后要进行某一行为时,记忆中的信息符号就会产生作用,影响个体的行为。保持过程中,信息储存主要有两种形式,语言和映像。其中,言语符号更有利于个体将来进行行为模仿。

第三个是运动再现过程。这个过程个体将之前通过观察储存在记忆中的信息符号进行行为再现,在此过程中个体会对示范行为进行判断,之后进行判断是模仿还是抑制。个体对榜样示范进行判断,如果认为是正面的行为就会进行模仿,如果认为是反面行为就会抑制自己进行类似行动。

第四个是动机和强化过程。个体在模仿的过程中还会受到动机和强化刺激因素的影响,动机的激发和维持离不开强化的刺激因素。在个体进行某种行为模仿的时候得到外界的肯定,那么个体将会强化自己的这一过程,但如果自己的行为得到不好的外界反响,个体将会减少或者不再进行这种行为。

同时,班杜拉认为,道德教育的关键在于建立强化或破坏抑制这个学习过程,这要从以下四个方面进行。

第一,尽可能避免和消除不正确的道德行为,杜绝学习者进行学习。积极地提供正确积极的行为模式,用这种良好的行为模式吸引学习者的注意,引导他们进行正确的行为模仿。

第二,发现学习者已经通过模仿学习了不正确的道德习惯,就要及时进行纠正。通过新异刺激打破学者关于不正确的道德行为的印象,从而抑制他们的不良行为。

第三,如果学习者已经形成不良的道德模式并且很难在短时间内消除,就要用各种办法阻止这种内部状态转化为外部行为,要在学习者的内部进行行为阻止。

第四,要同时考虑动机强化过程和自我调节的作用。一方面,要进行合理的引导,并对学习者的行为进行奖励或惩戒;另一方面,还要重视学习者的主动性的培养,加强他们的自我意识、自我评价、自我强化和调节能力。

在社会道德教育理论中,自我调节起着重要的作用。积极主观地活动是学习者进行行为模仿的前提,注意、记忆储存、运动再现和动机强化过程都需要学习者的主动配合,学习者的认知因素、情感因素和个人偏好都会对学习过程产生影响,所以学习者的自我调节在其观察学习过程中起到了重要的作用。

此外,班杜拉把榜样的示范模式概括为具体的行为模式和抽象的言语模式两种,他认为可供模仿的榜样形式来源于家庭、学校、朋友、大众传媒等多种途径,并且形式也多种多样。榜样示范不仅有正面影响,同时可能造成不良影响,所以建立良好的道德环境对于这种榜样模仿形式的学习十分重要。

第三节　中国传统思想的继承与发展

中国是一个历史悠久的文明大国,中华民族具有优秀的传统美德,这些传统的思想对我国教育的发展具有深远意义。我国历史上伟大的思想家、教育家们早就注意到了人的主体性,以及这种主体性在教育中的重要作用。在此基础上,几代的思想家对这种思想进行丰富和润色,形成一套传统的道德教育理论。这种系统的道德教育理论对我们当今的道德教育仍有深远影响,为我们建立和发展现代教育有重要的指导作用。

一、传统儒家人学体系及其对高校德育有效教学的借鉴

（一）先秦时期思想家以人为贵的主张

先秦以前,原始宗教将"天"作为绝对权威而信奉,认为世间

一切生灵的行为都是天意。那时人们对于"天"是一种敬畏和恐惧，毫无自我意识的绝对服从，认为天命神权是至高无上的。然而从先秦开始，这种思想开始慢慢发生转变，先进的思想家开始对人自身的价值进行反省，这也是儒家思想的起源。这种反省蕴含着天与人之间的关系，思考他们关系到底如何，这其中就包括了人在宇宙中的地位，这种反思蕴含着对人的终极关怀。

从先秦开始，既有一些拥有先进思想的人士开始对人与天之间的关系进行思考，他们开始质疑天的绝对权威，他们认为主宰世间万物的不是天，而是人。这种思想在人类的思想革命上具有十分重要的意义。在春秋时期，郑国大夫子产指出，天道与人道是分离的，天道是我们不能及的无法掌控的，而人道就在我们身边，我们可以就近掌握。这种思想虽然质朴，但也表明了子产对于人本身的作用和价值的思考，这种将人作为主体的思想能够出现是具有重大意义的，打破了天是世间主宰的传统思维定式。孔子曾提出，"人能弘道，非道弘人"。这种思想是把人作为主体，认为道是自人产生的，而不是从天得来的，这种道是人作为生命主体而创造出的一种精神。孔子认为人具有内部精神道德，也就是说他肯定了人道的存在，但同时他的理论中也有很多限制个体言语和行为的地方，其中他强调的一个绝对理论就是"克己复礼"，也就是个体要约束自己，已达到自身言行符合"礼"的要求。这一理论在几千年的历史中，成了束缚人们自由的一个重要伦理依据。

而荀子认为"涂之人可以为禹"，也就是说即使是普通人也可以成为大禹那样的人，他认为人是具有能动性的，他还认为个体可以通过主观能动性去利用自然规律，造福人类本身。这种思想将人的主观能动性推向新的高度，让人们意识到生命个体存在内在精神道德，并且这种道德对人类生存和发展有很大的意义和作用。荀子认为人的道德观念和礼仪行为是"人为贵"的关键。

虽然孔子和荀子等思想家在人的自我意识方面有了基本认识，并也进行了一些理论和实践的探索，但知识探索还不够深入，孟子在他们的基础上更深入地进行了人的自我意识以及意志品质的探索。孟子从多个层次和方面对人的物质以及精神生活进行了探索。他认为,个体对道德伦理的接受与人的主观意识有很大联系,也就是说人的主体意识是价值世界终极关怀的对象。这体现在以下几个方面。

首先,孟子认为人具有内在的"善"是与生俱来的,不需要通过学习和思考,是一种人之所以为人的本能。他认为能做到将自身的德行与自然合为一体,达到天人合一是人的最高境界。而他所谓的人之本善,包括同情心、羞耻心、恭敬心等。孟子所提出的对生命的态度,将性、天、命联系在了一起,他认为人应该通过善心来领悟自己的本性,这样才能知道自己的天命,不论自己的寿命长短,都要保持一颗善心,要养护自己的本性,这就是人对待自己生命应该有的态度。孟子的理论将人道与天道都归于人这个主体之中。他认为只要保持自己本性的善意,就可以正确对待天命,并领悟人生的真正意义。

其次,孟子为了使封建伦理秩序深入人心,他一直强调尽心知性则知天,认为只要发挥自己的本心,就可以认识自己的本性,从而得知自己的天命。他提出,人心就是用来思考万物的,只有思考才可以获得知识,否则什么都得不到。这一思想肯定了主观能动性在学习中的作用,他认为人的道德根源在于人心,这也是人与其他生物的区别。孟子提出,人应该保持自己的本心,同时尽可能发挥自己的本性,这样才能开始思考和认识自己和社会,也是安国而平天下的重点。他认为人的自我价值的实现要看他是否"尽心",是否尽了善心、悟出本性,而不在于他一生获得了多少荣誉和财富,只要悟出自己的本性并尽力而为,就顺遂了天命,实现了个人价值。

此外,孟子主张自我反省,他认为自省是人们进行道德修养的主要途径。他认为,如果你有爱他人,却得不到他人的友爱和信任,那就应该反省自己是否不够友爱;管理别人却得不到很好的成效,就应该反省自己的能力是不是不够;如果待人礼貌却得不到他人的礼貌对待,就应该反省自己是否不够礼貌。如果自己的言行得不到预期的效果就应该反思自己的行为是否到位,如果自己的道德端正,那么就可以使天下之人归服自己。孟子的这种思想是让人们主动地去进行反省,通过反省的方式提高自己的道德修养层次,从而完善自我。孟子将认识的起点和终点都放在了自我"本心"上,他认为人们应该通过认识自我、实现自我、超越自我的过程达到最高的境界。可以看出,孟子是想让人们通过内心的力量成为完善自我的动力,进入认识自己、顺应天命的精神境界,达到人与天的协调,使人们可以自觉地遵守当时的社会和伦理制度。

可以看出,先秦的儒家思想提倡的是天人合一,人通过主动性地思考和学习进行自身的道德品质的完善过程,人们主动地认识自己、认识世界、认识宇宙,人们通过完善自身,达到天人合一的最高境界,实现自己的人生价值。但是,这种思想虽然肯定了人的主动性,但仍然存在着天命这一封建概念,认为天命是一种强大的宇宙力量,人们的行为与所谓的天命有着很大关系,所以人的主体性仍然受到压制,人作为个体并没有得到真正意义上的解放。不论是什么都不可能一蹴而就,万物的进化都是循序渐进的,思想也是如此,先秦儒家思想对于人的主动性的肯定,承认主动性在学习中的重要作用,已经是中国教育史上非常重要的一个节点了。

(二)宋明时期儒家思想对主体道德理性的张扬

宋明时期,程朱理学成为主流思想派系,它为建立人之为人的终极根据进一步提出道德形上本体"天理",在一定程度上为天人合一找到了可靠凭据,防止了人的非自因的沉沦。

朱熹主张格物致知,他认为人们应该对每一件事情都进行充分的认识和理解,从而达到人心和道理的统一,他认为通过这种方法可以使人们自觉地建立起道德基准,服从于封建伦理。陆王心学一派支持个体得到的本性的说法,并认为人们可以通过道德上的努力,掌握自己精神层面的人生意义,也就是说,以道德为主宰超越精神。

陆九渊则认为格物致知的方式对人们的指导并不明确,无法使人们自觉地领悟天命的意义,这种方式在一定程度上反而阻挡了人们进行完善自己的前进。他认为既然天理是至高无上的,那么个体依从天理,也就可以说个体也是至高无上的。他认为人才是世间万物的主宰,而人之所以能够成为主宰是因为人具备理性的认识和思考的能力,人们通过自己的理性思考达到了天人合一的境界。可以看出,陆九渊对天与人的关系进行了全新的思考,进一步提出了人的主体价值。陆九渊的思想是一个对主体性思考的进化,从天理即绝对的、天定的,转化为天理是由人的主体性而定的。他认为天理虽然是神圣的,但人们可以通过自己的道德修行在自身的角度对天理进行定位和解释,进一步强调了人的主体性。比如,人们生来就有视力和听力,但只有经过后天的培养和学习才能将这种先天能力变为实际能力,也只有这样才能达到天人合一的境界。陆九渊的这种思想肯定了人在塑造自我中的能动作用,并在一定程度上否定了天命对人性的束缚,进一步向人们展示了主题的创造能力。

(三)儒家人学理论的现代教育价值

可以看出,不论是先秦时期还是宋明时期的儒学思想家,都开始思考和探讨人的主体性,发掘主体性在自我完善中的作用。虽然传统儒家思想也在一定程度上压制了人们的自由发展,但它所提倡的一些思想和行为在当时看来也具有先进性和突破性,传统儒家思想提倡通过自治自律、发愤图强建立主体意志,强调道德自律是促进人自身发展的重要途径,这就对于现在的高校德育有着借鉴作用,当代高校主题教育也是以人为本,将学生作为教育主体,注重学生的价值、情感和目标。

随着社会的发展和科技的进步,当今大学生被多元价值观围绕,这很容易使他们受到不健康的思想的侵蚀,大学生越来越注重自己思想的个性化,但是思想和价值观并不成熟的他们很容易受到当今的社会环境影响建立不健康的价值观和思想道德观念。高校开展思想道德教育是帮助大学生树立正确思想道德观和价值观的重要途径,而很多高校还在延续传统守旧的教育方式,刻板地向学生灌输道德理念,这种教育方式不符合当今大学生的生活和思维习惯。这样的教育方式会使学生处于被动,无法调动他们的主体能动性,很大程度地压制了他们的自由发展,缺乏主动性和积极性的教育是无法达到良好的教育效果的,更无法达到高效的思想教育目标。

高校在开展主题教育的时候要注意进行有效教育,这是一种综合教育因素合力。有效教育是指师生按照教育活动的客观规律进行教育活动,这种教育注重教育的高效性,帮助学生在知识与技能、过程与方法、情感态度和价值观三个方面同时获得发展,实现自身的全面进步,完成教育目标,为社会提供符合社会要求的人才。对于现在的高校思想教育,很多时候教育者只关注教育的效率,但是忽略了学生的个性,这样的教育并不能称作真正的有效教育,因为不关注学生的个性就无法激发学生的学习热情,无法调动他们主动学习的热情,这样的教育绝不是高效的。

通过对传统儒家思想的大致了解,我们可以看出,传统儒家思想强调人的主体性,强调人在宇宙中的作用,以及人的主体性在学习过程中的能动性。虽然那时的一些儒学思想家对于人的主体力量有一定程度的夸大,但他们肯定了主体能动性在当时就是教育史上一个重大突破,传统儒家思想认为在学习的过程中,人的主体性是极其重要不可忽视的。所以在实施教育时学生的主动参与是很重要的,如果教育中只存在教育者,那么教育将失去它本来的意义,也不可能达成教育目标。教育的目的不仅是将知识传递给受教育者,更重要的是将受教育者的内在潜力激发出来,使他们可以主动学习、主动地发展自我。所以,高校开展主题教育一定要坚持"以人为本",将学生作为教育的主体,调动学生的积极性,促使他们自主学习和发展。

首先,要在坚持人的主体性的同时,给予受教育者充分的理解和尊重,以此为基础进行教育。人的情感是其内在的本质力量,可以推动他自觉主动地进行学习,发展自我。受教育可以在内在情感的推动的情感下,产生需要,这种需要就会促使他们进行学习,以个体情感为基础教育才是真正有效的教育。高校进行德育,开展主题教育,其目的是帮助大学生树立健康积极的价值观和道德体系,帮助他们认识自我、发展自我,强调为了自己而学习和进步,帮助他们发展健全的人格。由此看出,高校想要进行有效的主题教育就应该注重学生的情感,进行情感态度和价值观的培养,教育者要在教育的过程中始终以学生为主体,充分地了解学生的需要,根据他们的不同个性进行教育,帮助他们主动进行学习,制定自己的发展目标,调动他们的积极性,进而完善自我。

其次,教育的过程中不仅要求教育者尊重受教育者的主体性,同时还强调教育的上下结构要进行改革,由以往的教育者到学生的从上至下的教育关系,转变为平等的关系,要求教育者站在与学生相同的角度和层面开展教育,建立一套全新的教育模式。我国传统儒家思想提出教育者对受教育者的态度应该是"听其言而观其行",也就是说作为教育者要充分地了解自己的学生,以此角度调动学生的学习积极性,从而达到良好的教学效果。我国古代教育家孔子和孟子很早就提出了教学要注意了解学生,"听其言而观其行",采用启发式教学,充分调动学生的积极性。《学记》中的启发式教学思想提出,教育者应该引导学生学习而不是牵着学生前进,应该激励学生学习而不能抑制学生的个性,应该帮助学生开拓思路而不能代替学生下结论。"善教者使人继其志"的思想是那时先进的有效教育思想。

传统的教育方式已经不能适应当今的高校教育,高校应该根据当前的教育环境和学生需要进行教育变革。这种变革不仅包括教学方式,还包括学生认知方式、对学习和教育认识方式的改变。当前的教育应该更加注重个体的个性化,注重学生对外界的适应。高校开展主题教育应该帮助学生主动地学习知识,建立自己的经验世界,帮助学生勇于学习、乐于学习、善于学习,引导他们按照自身需要进行个性化发展。高校应该努力建立和谐民主的教育氛围,按照计划和目的实施教育,推进学生的自主学习,帮助学生成为主动、能动的认识自我、认识社会,主动地参与实践活动,从而帮助学生实现自身价值、完善自我,帮社会培养高素质人才。

综上所述,高校开展主题教育的前提是尊重学生,充分了解学生的内心需要,在这个前提下开展教育,实施教育计划实现教育目标,只有这样才能实现有效教学,才能帮助学生实现自我价值。

二、中庸思想及其对高校德育有效教学的理论借鉴

(一)中庸内涵

孔丘是我国历史上伟大的思想家、教育家,他最早提出了"中庸"思想,他认为"仁"是最高的道德原则,以中庸为行为准则。中庸是指做到恰到好处,不是调和主义,也不是折中主义。

中庸思想蕴含着辩证思想。孔子认为世间万物都存在矛盾对立的两个极端,如果只顾一端而忽略另一端,往往不能正确地看待和处理问题,只有从事物的两个极端中,才可以正确全面地看待事物、解决问题。想要解决问题,首先要全面地了解问题本身,将事物的两个对立都认真理解,在此基础上才可能找出解决问题的正确方法。中庸思想就帮助人们解释如何界定"中"。人的思想也有两个极端,"过"与"不及",也就是超过和未达到,而不论是哪一端都不是"中","中"是一种平衡的力量,人们的思想应该尽量避免出现只顾一端的现象,保持"无过无不及"的状态才是达到了中庸的要求。"过"与"不及"一般是一种量上的表现,而两

边就会引起质变,所以"无过无不及"的平衡点即为"中",这也正是孔子提倡的做事要有度。孔子还认为人们在处理问题时应该根据场合等因素进行判断,从而做出反应,他认为中庸的标准不是一成不变的,而是随着环境的不同而变化的,应该在具体的情景中进行判断,选择最佳的处理方式,也就是要灵活地把握事物的度。孔子的这一思想为之前的中庸思想注入了新鲜的活力,加入了辩证思维。

（二）中庸的执中思想与为师之道

用中庸思想审视现在的教育,可以看出很多"过"与"不及"的地方,在教育中极其重要的师生关系也存在着极端化的现象,顾此失彼,不能合理正确地处理师生关系为教育带来了一些障碍。师生关系贯穿整个教育过程,是教育中重要的人际关系,保持良好的师生关系可以推进教育的良好进行,提高教育的效率。所以在处理师生关系时可以利用中庸思想,正确地把握师生关系,达到师生关系平衡的最佳状态。

中庸之道从"性"与"道"两方面强调尊重人性,加强教化;强调从"戒慎""恐惧""隐""显""慎独"等方面培养自身的品德,促成中和,使万物的发展生生不息。子思说过,人天生具备的素质和品质就是性,按照这种素质和品质行事就是道,修道的方式就是教化,修道是贯穿整个生命的,不论什么时候都不可以背离道,不然就不能称为道。同时他指出,中庸是达到天人合一的重要途径。这种思想的本质是以人为本,以和为贵。而以和为贵的内部要求是人民通过学习和修行提高自己的道德品质,从而达到中庸的境界,从自身提高做起,最终达到整个社会环境的中庸。而这种以和为贵的思想可以运用到当今的高校思想教育中。

在处理师生关系上,应该从整体的角度出发,建立起和谐的师生关系,营造出友好的学习气氛。虽然教育者都想要建立和谐的师生关系但有时总是不得要领,在此就可以运用中庸思想帮助教育者建立和谐的师生关系,创造良好的教育氛围。教育者拥有高尚的品质和丰富的知识,这就使他们会有一种权威性,是否能将这种权威运用得当,就是处理师生关系的关键所在。如果过度地运用权威,就会引起学生的不适,影响教育效果;如果使用权威的力度不够,则会缺少管束力,也不利于学生的学习和成长。以中庸思想来解释这种关系,就是教育者在运用自身权威的时候应该做到"无过无不及",把握好运用权威的度。如果教育者对自身的权威运用过度,那么这种权威会压抑学生的成长,使学生没有主动学习的意愿,只是被动地接受教育者的知识灌输。如果长期保持这样的压抑状态,教育者就不能激发学生的学习热情和主动性,也就不能达到有效教学的目的。如果教育者对自身权威运用不足,那么学生对教育者的权威信任程度就会减低,甚至会拒绝教育者的指导,这也无法达到预期的教育效果。所以,教育者在处理师生关系的时候应该积极运用中庸思想,通过分析找到自己与学生之间的动态平衡,达到一种中庸的境界,营造和谐的教学氛围。

教育者在对学生进行教育时应该把握管理的度,要对学生进行松弛有度的管理,不可以只顾一端。教育者要尊重每一个学生,不能压抑他们的个性,深入了解学生,根据学生的实际情况进行合适的教育,要明确教育的目的不仅仅是将自己的知识传递给学生,更重要的是引导学生认识自己的内在需要,调动学生的主观能动性,指导他们自主学习,自主提高自己的道德品质。在进行教育时,教育者与学生应该站在同一个高度,建立平等的关系,进行平等的对话,要建立起和谐的师生关系以及良性的教学机制,实现教育者与学生间的平等沟通,以此促进教育良好进行。

(三)执中思想与教学双方的相得益彰

教育者和受教育者是构成教育的必要因素,在进行教育时,如果单独强调或是强化其中一方,就会使双方失去平衡,打破和谐的教育氛围。目前关于这两者的关系主要有两种看法，"教师中心"和"学生中心"。"教师中心"的思想认为教师是教育的主体和中心，这种思想的支持者认为教师是推动教育的实施者，学生应该绝对服从于教师，保持教师在教育过程中的主动地位和学生的被动地位。"学生中心"的思想认为学生是教育的主体和中心，这种思想的支持者认为在教育中教师只起到了辅助的作用，应该按照学生的需要和偏好进行学习，鼓励发展学生的个性，主张教育应该由学生主导，教师辅助。

不论是"教师中心"思想还是"学生中心"思想都是一种只执一端的偏执思想，那种思想都不可能营造良好的教育氛围。高校开展主题教育时，学生和教师都会加入其中的，所以只有兼顾两者才可以建立良好的氛围。教学的过程中，教师的任务是"教"，教师负责对学生进行督促和引导，为学生指明正确的方向；学生的任务是"学"，学生要在教师的引导下进行学习，提高自己。由此可见，教学是离不开教师也离不开学生的，没有了教师，学生在学习过程中就得不到正确的引导；没有了学生，那么教学就失去了教的对象，教学也就失去了意义，更没有所谓的教学成果可言。因此，教师通过把握运用自身权威的度，是推进学校平稳地开展教育的保障。要保持和谐的师生关系，找到教师与学生之间的平衡点，使师生关系达到中庸的状态。这里提到的教师权威的中庸之道，是指通过教师按照中庸思想为指导，建立适度的教师权威。通过这种思想指导达到的中庸境界的教师权威，会不偏不倚，保证学生和教师之间的平衡，它可以保证学生在教育中的主体地位，同时可以保证教师对教育的主导作用。

一方面，现代教育的目的已经与传统教育有所不同，传统教育的目的是将知识传授给学生，而现代教育向学生传递知识只是其中一方面，更重要的目的是激发学生的主观能动性，让学生可以主动地进行学习，认识自我、认识世界，从而从内在发展自我、完善自我。教育者应该适应现代教育模式，要以尊重学生作为教育的前提，帮助学生开发自身的个性需要，在此基础上进行自我完善。要激励学生进行创造，鼓励他们通过自己去认识和了解世界，调动他们对学习的积极性与主动性。《中庸》中提出，"博学之，审问之，慎思之，明辨之，笃行之"的学习过程。他的意思是，人们在进行学习时，首先要广泛地汲取知识，扩大自己的知识面；之后要对不明白的地方加以思考和询问，之后对道理的正确性进行分辨；最后要对正确的道理与德性贯彻到底。很多对教学的论述都强调"教"的部分，却忽略了"学"的部分。教学本就是由"教"与"学"两部分组成的，忽略任何一方，教学就不成立，这是一个复杂的、多层次的系统。在教学中，应该重视学生，将学生当作教育的主体，改变曾经刻板的填鸭式教学模式，提倡学生主动学习，主动提高自我。

另一方面，学生进行自我学习和自我探究的时候，他们学习到的知识往往是不成系统的，因为学生在思维方面还有很多未成形不成熟的地方，此时就需要教师对他们这些知识进行系统性的梳理，帮他们整合零散的知识，帮助他们梳理知识体系。教师在帮助学生进行知识梳理的时候应该通过引导的方式进行，而不是直接代替学生进行，帮助学生在指导下主动地进行知识整合和梳理，同时进行知识学习和思维开发。教师对学生的这种知识整合梳理的引导是必需的，这也是教师权威的作用。当今社会高速发展，学生可以从各个方面获得多元的信息和知识，为了帮助学生进行只是整合和梳理，教师就需要不断地提升自己，扩大自己的知识面，提高个人的素质涵养，只有这样才可以为学生学习提供准确到位的帮助。教师应该通过科学的教学方法进行教学设计，通过实践不断地改进教学方法，以适应不断变化的教育环境。

教育是教育者与受教育者之间的一种行为，也就是主体和主体之间的行为。学生和教师同为主体参与教育活动，学生不是教师的教育工具，教师不可以用传统教条的方式对学生进行教育。虽然教师在师生关系中是具有权威的一方，但在交流的过程中应该秉承平等的原则，和学生建立平等的沟通关系。因为只有达到师生关系的平衡状态才能保证有效教学的进行，不论哪一方过于强势或弱势都将影响教育效果。高校开展主题教育要做到有效教学，这就要求教师注重与学生的情感交流，尊重学生，了解学生，在这个基础上引导学生进行学习，帮助学生在道德修养上进行提升，发现自身价值，提高自己、完善自己，最终实现主题教育塑造学生灵魂的最终目标。

第二章 大学生主题教育的目标与原则

对于开展主题教育活动来说,需要有一个全面系统的过程,然后进行相关系列的具体分析和考察,分别从心理特质、文化背景、环境因素这些方面,对主题教育的对象进行深入的研究,只有这样,才能达到预期的效果,发挥其最真实的作用。在思想教育过程中,主题教育的对象,可以说是最重要的一个起关键性作用的因素。由于不同的群体,接受特点也有所差别,随意,同时相对应的教育内容、环境、手法及过程也应该有所区别。充分地落实主题教育的工作,就需要深入研究教育对象的心理状况、知识概况、接受能力和行为习惯等,同时还要明确教育本身所拥有的规律。

深入研究大学生的主题教育原则、方法,体现教育的针对性和实效性,需要把大学生的一般特点、心理结构、品德行为养成的习惯和规律当作出发点进行。

第一节 大学生的特点与概况

当今的社会,是一个中西方之间的文化不断地进行交流碰撞、新老观念更新的时代,而当今的大学生也恰恰逢于此时,所以就避免不了会受到时代带来的特殊性和环境方面的影响,最终使他们不论是从社会角色、知识结构方面,还是从专业的认知上,都或多或少地体现出了某些极为明显的时代性感化的特点。

大学生的年龄大部分在二十岁左右,从一定程度上来说,是人这一生中极富有活力、朝气的一个青春型年龄段,因为他们有着特属于这个年龄段的精力、热情，而且，作为社会中文化素养较高的群体来说，来自家庭的责任和社会的责任也是他们应该承担的一部分。要想合理地把握好大学生的自身特点和形成的因素，就需要从三个方面来进行，心理、思想和行为举止。

这样一来，对于调整大学生的主题教育工作的方向、内容和方式都会变得极为有利，同时也能做到稳步地推进高校的主题教育工作。

一、大学生的心理特点

（一）自我意识和表现欲望

自我意识通常是指，一个人通过对自己的一切身心活动进行相关的观察和分析，具体涵盖了对自身的生理状况、心理特征以及与其他人之间相互关系而进行的一种自我认知与评价。

由于在二十岁左右这个年龄段，是大学生的自我意识发展过程中最为活泛的一个时间段，具体表现为，大学生的个体把注意力从对大千世界的好奇开始向自身内心的探寻转移，也就由此形成了这一段时期内，他们对自我的认知、切身体验和感知及评价变得敏感而又细腻。这个时候，他们离开了原来熟悉的环境，告别了父母及亲人的呵护，即将面对的是新的环境和放松的学习氛围，这就使他们产生了一定程度上的独立感，成人感，这种感觉促使他们加倍增长、想要变强。

于是，他们特别注重对自己的自我观察和对自己的自我评价，随之而来的强烈表现欲也明显增加，他们迫切得到来自他人对自己的一种认定。这个时候的他们，想要承担一定的责任，取得相应的优异成绩，以此来从中获得更好的自我肯定，得到自我的满足。在强烈关注现实状况的同时，他们还想自身也能够参与其中，通过一定的努力做出一定的贡献。

所以，在这一段时期，针对道德品格，可塑性体现出了较为强大的力量,因此,应该合理把握好这段珍贵的教育时机,适当地"对症下药"。当然,也会有部分例外的大学生,他们对自身不能很好地进行合理评估,过于高估自己的实力,形成自我盲区。

(二)情感丰富、波动性大

情绪情感,是人对客观的事物是否符合自己需要的态度而进行的一种切身体验,而这种体验是通过借助个体的愿望和需求做中介的一种心理上的活动。它与人的需要、动机之间有着相辅相成、密不可分的联系。

大学生在进入理想中的大学生活后,随着生理与心理的不断成熟,他们自身的需求也会逐渐增多,以至于会出现更多的新需要。这个时候会形成两种现象:当需求被满足的时候,会产生相应的正面并同时带有着肯定的情绪,如欢愉、热爱等;如果需求得不到合理的满足,则会产生相应的负面并带有着否定的情绪,如愤怒、失落、自卑等。

由于大学生还没有在一定程度上形成全面系统的、客观理性的自我抉择和判断能力,同时对待事物的了解性也不是相当的完整,因此,他们带着不成熟的认识去看待外界时,就会发生一些意料之外的矛盾和冲突。与此同时,由于大学生很容易受到来自世界中的部分干扰,影响到他们的价值观,于是他们在对价值观进行相关选择的时候,就会体现出举棋不定,最终影响到情绪的波动和变化。

(三)迅速发展并渐趋成熟的性意识

性意识也是随着自身的性发育和精神发育进而进行的一系列的不断完善,是个人对两性需求以及可能形成的相互关系的一种认识和看法。

在大学时期,对于大学生来说,他们的生理发育已经差不多都趋于完成,这也伴随着他们对性的意识观念日益增强,表现出足够的清晰明了化。对性意识的发展,会使大学生清晰地根据性别特征进行塑造自己,打扮自己的个人形象,与之而来的对异性的关注与追求也变得强烈起来,同时还增加了对感情的强烈欲望。

随着时代的不断发展与进步,当代的大学生更倾向于接受通过一些文字、影像等形式表现出与性相关的信息,对性爱的观念持有开放化的态度,欣然接受。他们的内心世界,非常地渴望和异性进行一定的交流、沟通甚至是交往。可是由于他们的性心理发育并不是完全的成熟状态,就会出现一些相伴而来的问题,如对性幻想、性压抑以及性行为引发的一系列心理问题,导致他们的心理长期处于一个压抑的、不健康的状态。最终出现个别的大学生情绪受到影响,开始出现一些焦虑、精神萎靡等不良情绪的现象发生。

(四)落差和自卑心理显现

在进入大学之前,老师和家长常常会为了激励学生好好学习奋进,通常将大学描绘得绘声绘色并且过于理想化。然而,当他们真实地进入大学的环境以后,才体会到不是之前被描述的那么美好了。面对这突如其来的陌生环境、陌生同学以及学校制定的条条框框的规章制度,他们开始觉得自己不知道该如何去面对、解决、如何去安排自己的学习和生活。这个时候,他们就会明白现实并不是那么美好,之前所憧憬的校园生活和现实中面对的校园生活简直就是天壤之别的落差,也就不能避免失落的心理自然而然地形成了。

这个时期的大学生,由于在高中的阶段,大多数属于班里的优等生,成绩出类拔萃,习惯了来自老师和家长的夸赞,同学投来的羡慕之情。但是在进入大学校园之后,却遇到人才汇聚、能力不凡、成绩卓越的众多同学,使得他们之前一直伴有的优越感一扫而光,不复存在,如此大的挫伤使他们的自尊心承受不了突如其来的打击,最终难免会产生一些自卑、失落的心理。

(五)心理基本成熟,道德心理矛盾较为突出

大学生是一个由少年期逐渐向成人期转变的过渡期,通常情

况下，他们的心理发育已经属于成熟的状态，而气质、性格、行为特点等方面也都趋于稳定的状态，从对待道德认识和情感理念上来说已经显得较为完善，形成了自己的是非观念，明确了理想、信念及追求的强烈意识，有了自己的独特风格，对社会也充满了一定程度上的责任感和正义感，道德意识也随之增加，拥有了较为稳定的道德行为习惯。

大学生的这个年龄阶段，属于充满激情与活力四射的阶段，所以他们受到来自社会与时代的变化对他们造成的冲击和影响也是最为明显的。他们对于社会上发生的那些突发性的热点，有着强烈的参与热情和互动热情，不过，因为大学生的生活经历相对简单，对社会的阅历也不是特别充足，在心理上来说，滞后于生理发展，也就导致了对问题的分析不是特别全面系统，而且面对现代社会的多元化特征，转型期社会矛盾的日益增加，复杂多变的社会现象，会使得大学生饱含热情的同时带有一定的困惑，甚至有时会走向较为极端的情境。

所以，针对道德心理发展的过程，它是具有双面性的，既有积极的方面，同时也伴有消极的方面。

二、大学生的思想特点

（一）开放的思想，接受能力突出

在这个前所未有的信息发展较快的时代下，大学生又身处其中，面对东西方文化之间的相互交融、传媒方式的多样化以及社会价值观念的多元化特征，都从一定程度上对大学生的思想观念造成了潜移默化的影响。这样一来，也锻炼了大学生思想前卫、对待新事物有迅速接受的能力特点。

大学生喜欢接受新事物，因为他们有着强烈的好奇心，喜欢探索，乐此不疲，思路开阔。严格来说，这种思想特点，还是带有一定的双面性的，既有利也有弊。具体表现在，高强度的学习能力和开放独特的眼光,能够促使大学生在激烈竞争的社会中处于一定的优势地位,只不过在大学生的思想与价值观还没有达到非常的稳定状态时,对于接受信息的过程中,依旧会出现比较盲目和片面的选择,相对一些新鲜事物而言,他们会不经深思熟虑地全权吸收,却没有进行合理地取其精华去其糟粕。

(二)思想独立,附带依赖心理

陈寅恪先生曾说过"独立之精神,自由之思想",并以此当作大学生教育的一个重心,因为思想独立,对于当今的大学生来说,也是社会最为基本的一个要求。由于当代的大学生从小就习惯了独立思考的教育,喜欢对自己感兴趣的事情进行自我抉择,所以他们不会相信命运的安排,而是更加热衷于向长辈学习经验和教训,并通过自己的实践证明让长辈们刮目相看。因为他们自身缺乏竞争意识和危机意识,又带着自身这种独立渴望同时还伴随着依赖的心理,所以就导致了很多时候,在身陷困境时刻,他们还是会希望有人帮助他们度过艰难期,解决自己遇到的问题。

因此,大学生的思想状态在一定的程度上来看,是一种自相矛盾的说法。这也就很好地解释了为什么大学生常常用"纠结"一词诉说自己遇到事物的一种状态。由于刚刚和社会进行接触,大学生难免会遇到一些来自各个方面的或者是这样那样的矛盾,如个人与集体的矛盾、理性与感性的矛盾、放纵与自我约束的矛盾以及需求与获得的矛盾等。这段时期,大学生的思想极为敏感、人格发育也较为迅速,因此,离不开来自外界的正面的正确引导和帮助。

(三)期望高,抗压力弱

现如今的大学生,不仅仅要在社会竞争激烈的过程中迅速地发展成长,同时还需要承担着多方面的压力,而这些压力来自多种方向,如社会、家庭以及自身方面。通常他们对自我的期望值过于高,在自我价值的实现上也看得过重,同时属于这个年龄段的自尊心也特别的强,尤其是在刚刚迈入校门的时候,对一切事物充满了盛大的热情,迫切地渴望在新的人生舞台上,能有一个充足展现自己才华的机会,以此得到大家的一致认可和肯定。

不过,由于这一代的大学生从小就备受家里的关爱以及呵护,几乎在夸奖表扬中成长,历经的挫折和磨难相对而言较少,这就导致了他们在遭遇批评和责备的时候,内心会产生一定的抵触情绪和逆反心理,严重的话还会出现一些消极的情绪。在面临复杂的社会和生活的考验时,极易挣扎在困惑与彷徨两者的中间,偶尔还会选择逃避性地处理事情,直至堕落、颓废。总体来说,大学生在思想抗压能力和心理承受能力的方面上,还是相对而言较为虚弱的。

(四)享受力强,独立性差

在20世纪八九十年代里出生的大学生,由于从小的生活物质条件就相对来说比较优越,所以大部分的学生都生活得无忧无虑的,不用为了家中的情况而担心,就其父母来说,也是绝大多数持着"再穷不能穷孩子"的思想观念,甚至愿意为了孩子付出一切。

进入大学校园以后,既受到自尊心的牵引,又受到虚荣心的作祟,因而更加注重时尚潮流所向,注重高质量的生活,甚至和周围的同学形成攀比之风,盲目到一发不可收拾的地步。即使一直接受价值观的思想教育,进行艰苦奋斗,但是,从意识上来看,享受为先、不劳而获的误区却一直存在,他们对待金钱的概念和理财的观念意识明显较为低弱。成年的大学生不愿意吃苦,不愿意付出体力劳动打工,日常的生活费用也不能进行自力更生地赚取,更有生活费超支的现象,导致经济独立方面的意识也极为薄弱。

(五)约束力弱,惰性心重

大学里的学习生活与高中的生活有所区别,不再是"保姆式"

的督促和管教,而是在一定的程度上,是学生成了自己的主体,对于他们的个性发展方面有了更为充足的活跃空间。在摆脱了高中原有的沉重的学习压力之后,迫切地渴望得到全身心的一个放松状态,于是就出现了一种现象,在过度宽松、无拘无束、无压力的氛围中,个别自控力不是特别强的大学生开始走上散漫、不思进取、惶惶度日的道路,对于大学中为其提供的优质的学习资源条件视而不见,惰性心理日益严重,不再关注日常工作和学业,懈怠情绪增长,最终使其对自我的未来失去规划的信心,动力一天天减弱。

三、大学生的行为特点

(一)政治参与日趋成熟

大学生是当代青年群体中重要的组成部分,他们的思想活跃,饱含爱国的热情,民族自豪感和荣誉意识也极为强烈。由于他们出生的年代,正好赶上了祖国的改革开放,所以对祖国的翻天覆地的发展有着比较深刻的认识,与此同时,也受到了学校的统一教育,对国家的发展历史也有一定的了解。他们不但关心国家的大事,还关注民生问题,对国家的政治表现出了特别强烈的参与热情,不仅如此,还通过一些网站来表达自己的观点和见解,在涉及国家的利益上,有着明确的方向。坚定的立场和高度的热情,但同时又有容易冲动、感性强于理性的明显特点。

(二)消费形式多样化

由于经济发展突飞猛进,而当代的大学生又成长在这种快速的社会环境中,空前繁荣的现代市场经济,导致了他们的思维方式以及消费观念也区别于他们的先辈,消费的行为具有多元化和多样化的特点。在大学生的主要构成群体里,"90后"的大学生占主导地位,他们引领时尚前沿的脚步,对于新生的事物有双善于发现的眼睛。与此同时,他们向往追求独特、新颖、时髦的产品与消费行为的个性化。

同一时期,大学生对人脉的扩展也变得较为重视,为了更好地寻求社会的认同感和群体中的归属感,经常通过请客消费、娱乐消费来实现所谓的需求。

根据以上情况分析所得,消费大体分为两类,包括情感消费和人际消费。同时,由于大学生的从众心理和自尊心的驱使作怪,他们的消费过程受到了一定的影响,攀比消费的现象、超前消费的现象以及奢侈消费的现象高频率发生。

(三)网络变主流

当今世界领域中,应用最为广泛的一种高科技手段就是众人皆知的网络技术,如何更好地学会并且能够熟练掌握应用网络,成了每个大学生需要必备的就业技能。随着网络文化的极速发展,新兴的网络平台不断涌现并被一一接纳。

对于思想活跃、容易接受新事物的当代大学生来说,自然会首当其冲,把精力用在了网络上,因此出现了一种现象:男生花费多数时间在游戏和娱乐上面,女生则热衷于购物网站和微博等平台。

网络平台的应用,使得大多数的学生对其产生了依赖和寄托,与"陌生人"畅聊,沉迷于游戏世界的"打打杀杀",都是为了寻求精神上的刺激和心理上的安慰,通过这种方式逃避现实中的不顺与困惑、迷茫等,最终对网络有了强烈的依赖感。

(四)创新力和实践力待提高

当代的大学生由于受到了完整的教育模式,因而具有相对高的理论水平和较为扎实的知识结构基础,认知事物的能力也相对较强,但是因学校的环境有限受到限制,严重缺乏把理论运用于实践的机会,学到的理论知识也只能说来说去,没有足够的动手能力。

长久一来,就导致其中的一部分学生习惯了目前的这种稳定的生活状态,他们变得安于现状,与社会中出现多次的机会失之交臂,自身也不愿意主动去把握,除了意识不到实用性的重点之外,还过分夸大面对不了的难度,于是就形成了学到的理论知识不能做到学以致用,无法实现其本身的价值,充分说明了他们的实践能力急需得到提高。

(五)注重人际交往,方式方法待改进

人际交往,泛指人们之间互相交流认识性的信息的一个过程。一个人的情商,具体体现在人际交往的过程中,对于刚刚迈入大学校门的大学生来说,这是一门必修的课程,也是大学生对自己的生活圈创立的一个新开始。他们的年龄段决定了他们具有热情开放的特点,同时善于与人交往,当然,大学生自身也在有意识地培养自己的这方面的能力。

在这个培养过程中,也会出现一些相对应的问题。一方面,对于刚刚开始处理人际方面的大学生来说,他们的思想较为单纯,没有防范心理,在复杂的人际交往中缺乏明辨是非的能力和一定的经验;另一方面来说,受到社会中不良风气的影响,少数大学生会受到名利的驱使,表现出一副老成世故的样子。随着社会的不断发展,大学生的交往方式也会有所改变,有所进步。

第二节　高校德育活动的目标要求

主题教育的目标是主题教育的一个重要范畴,不但反映了主题教育活动的本质和方向,规定了主题教育的内容、原则、方法、途径,也是评价主题教育效果的最为重要的依据,为主题教育活动提供了充足的动力。总结改革开放 30 年以来大学生主题教育目标的发展,可以清楚地看到大学生主题教育目标的科学与否,是大学生主题教育成功的一个必要前提和关键,关系到大学生主题教育活动全过程的正常开展。

一、设定目标的主要依据

大学生主题教育中出现的一个首要的问题,就是关于大学生主题教育目标设定的依据是什么内容,因为它事关对于目标的抉择和实现目标的行动取舍关系。在改革开放的 30 年中,有实践证明,大学生主题教育目标的设定,主要取决于社会发展的状况和经济、文化的发展需要,取决于教育对象的层次性以及现实中的人全面发展的需要。与此同时,也需要对教育的接受对象能力有一定的相互适应性。

因此,从一定意义上来讲,这个目标设定并不是随意的主观决定就能规划实施的,它需要多种因素混合相互作用,深深地植入社会这片肥沃的土壤中,在一定程度上反映出了社会与大学生的发展需求。

具体说来,详细的目标设定由理论依据和事实依据两者构成。理论依据主要是来自人的全面发展理论,事实依据则主要是来自社会发展的要求、大学生的主体特点和特殊需要。

（一）人的全面发展理论

马克思主义关于人的全面发展理论是组成科学社会主义的重要部分,是相对于人的片面发展的现实而相对提出来的,以此作为设定大学生主题教育目标的一个重要的理论依据,确保大学生主题教育的方向,保证大学生主题教育的科学、合理实施。

社会主义制度的明确确立,为人类的全面发展提供了一定程度上的重要前景。实现人的全面发展不仅仅是社会主义制度优越性的具体体现,同时还是社会主义现代化建设过程中的一项最为根本的内容。

进入 21 世纪以后,当代中国马克思主义者对人的全面发展问题给予了高度重视,对人的全面发展理论中国化问题进行了相关反思。江泽民在庆祝中国共产党成立 80 周年的大会上的讲话特别强调指出："我们建设有中国特色社会主义的各项事业,我们进行的一切工作,既要着眼于人民现实的物质文化生活的需要,同时又要着眼于促进人民素质方面的提高,也就是要努力促进人的全面发展。"①江泽民关于人的全面发展与社会的全面发展统一于人民根本利益的重要思想,是马克思主义关于人的全面发展理论在新世纪的不断发展创新。

大学中所培养的人,不仅要提高他们科学文化方面的素质、科学精神以及创新的能力,而且还要同时提高他们的思想政治素质,帮助大学生树立一定程度上的世界观、人生观和价值观。

因此,大学生主题教育的目标必须符合相关人格全面完整发展的要求。由于人的活动与动物之间有一定程度上的区别,人的行为活动通过目的的支配,具有一定的主观能动性,人的这种主观能动性同时又决定了人的活动必定受一定程度上的意识和思想的支配。我国处于社会主义初级发展的阶段,社会主义市场经济还处于不断发展和完善中,受到多种因素的影响,社会主体往往会被物质利益所诱惑,以物为本的价值取向渗透并冲击着社会的政治、道德、教育等多方面的领域,大学生也不例外,受其影响,价值取向容易发生某些程度上的偏差性,呈现出信念淡薄,忽视人自身的价值和意义,把重点放在追求物质利益的满足等方面。

所以,合理地设定大学生主题教育的目标,属于大学生行为过程中的一个具体指南和方向,从而实现大学生的全面、整体发展。

个人的全面发展指的是个人劳动能力(包括体力和智力)的充分自由发展,是人的才能与品质的多方面发展,是人的社会关系的丰富和发展,以及个人与社会的协调发展。②

全面发展是对大学生发展的内在需求和现实基础的一个界定,是大学生个性的自由发展和素质的全面提高的有机统一,是

① 江泽民文选(第 3 卷)[C].北京:人民出版社,2006,第 294 页.
② 张耀灿,郑永廷.现代思想和政治教育学[M].北京:人民出版社,2006,第 144 页.

大学生物质生活与精神生活发展的相互统一,即全面发展应与个性发展相互结合。

(二)社会发展要求

社会关系的总和是人的本质,所以,必须紧密围绕一定的生产力和生产关系展开,脱离了它们是不复存在的,也就是说,人与社会的发展密切相关。大学生主题教育的目标,虽然是通过相关的主观意识得出来的一致结果,但同时也是对社会客观的一种真实反映。

大学是一个摇篮,用来培育和造就德智体全面发展人才的摇篮,这就要求大学的教育必须根据社会规律进行发展,不能背道而驰,以此体现出相关发展规律为相关的目标服务。同时,大学生的主题教育目标必须符合基本的发展要求,包括社会主义物质文明、精神文明、政治文明和生态文明,保证方向的正确性。大学生的主题教育目标,其实和其他领域的目标一样,都应该是社会发展所需要的,这样一来,既有利于社会更好地发展,也有利于大学生的全面发展。

中国共产党的奋斗目标,切实反映出了社会发展的客观要求,大学生主题教育的目标必须根据社会发展的要求来进行合理的设定,也就是说依据党的奋斗目标来确立。

党的最终目标是实现共产主义,而实现这一目标需要经过艰苦不懈的奋斗,持之以恒的努力,分阶段来完成并得以实现。各阶段的路线、方针、政策,最直观、最鲜明地反映出了总目标的要求。主题教育通过这方面的教育,其目的是动员教育对象,明确前进的方向,协调各种力量,形成一股强大的政治凝聚力,朝着共同目标一起努力迈进。

大学生主题教育的目标要与党的总路线、总任务保持一致性,如果离开了党的总路线、总任务,就难以合理、科学地设定大学生主题教育的目标,导致大学生主题教育活动迷失方向、乱作一团。大学生的主题教育同时也是由党的教育方针所规划制定的。有关党的教育方针的基本内容,是使学生在德智体美几方面都得到全面的发展,又红又专。但在不同的历史时期,分别有着不同的侧重点。大学生主题教育要为建设社会主义和谐社会而服务,就必须依据党的总路线、总任务及其战略进行合理规划、严密部署,以及党的教育方针来确定明确的教育目标,组织和动员广大的大学生为社会主义现代化建设事业而奋斗。

（三）大学生的主体特点和需要

大学生思想政治的教育是一项基本的活动,用来培养和塑造大学生,大学生主题教育的所有活动和大学生有直接关系,目标设定的初始起点和基础,就是做到正确认识和分析大学生的主体特点和需要。大学生主题教育目标的设定要想促进大学生的和谐发展,就必须符合大学生的特点和需要。忽视了大学生的特点,忽视了大学生的需要,主题教育就容易沦为一种空洞的说教,起不到重要的作用。因此,大学生主题教育的目标设定,在一定程度上来说,满足社会发展的客观需要的同时,还需要体现出大学生的主体特点和需要。真正地引导人们积极、主动地进行从事教育实践的活动,应该慎重目标的建立,建立于社会发展与大学生发展的客观现实基础之上。大学生的思想品德的现状以及内在的发展需求是大学生主题教育目标设定的重要事实依据。

一般而言,由于大学生正处于青年发展过程中的一个较为中期的阶段,同时也属于人生中生理机能最旺盛的时期,拥有精力充沛,活动力度强,思想异常敏锐,敢于追求真理,有勇于探索的精神,主体意识和参与意识较强等特征,这些身心条件为大学生灵敏地反映出现实社会状况的同时,也形成了某种思想意识并为行为打下了良好的生理基础,这样一来,使得大学生在知行之间的转化速度及行为的强度上,都明显优于其他年龄阶段的群体。

同时,这个年龄段的大学生社会阅历相对来说比较浅显,心理方面,发展也还不是特别的稳定、成熟,导致他们在情感、意志、自我意识等方面往往处于不平衡的发展状态,和社会现实发生矛盾较为突出。加上强烈的聚群性特点以及受到群体压力的影响，他们常常出现从众行为，达到思想共鸣，情绪和行为也因此冲动，容易把一些社会现象看作社会的本质。

总之，他们的状态介于成熟而又不是完全成熟之间，可塑性力量比较强大。正确地对大学生的身心方面的特点做到合理的认识，并以此作为大学生主题教育目标设定的依据之一，对大学生主题教育取得良好的效果有一定的帮助。

在设定大学生主题教育的目标时，大学生的合理利益和要求这两者也需要被考虑到当中，重视起来。大学生阶段是人的需要发展过程中最高峰的顶端时期，也就避免不了对社会的各种需求随着生理和心理的不断发展逐步成熟而急剧地增长，他们的要求要比其他年龄的人更加强烈，尤其是对衣食住行方面。在设定主题教育的目标时，应周全考虑大学生在发展过程中需要的合理需求，密切关照他们的工作、学习和生活世界，关心他们拥有生存发展的能力，并把这些体现在具体的目标规划当中。

只有这样，大学生才会欣然接受主题教育的目标，把社会的要求自觉地吸收消化于自身的一种思想观点、理想信念，然后转化到行为中，形成良好的行为习惯，进而达到社会需要和个人发展需要的辩证统一。

事实说明，主题教育目标需要切合实际、关注大学生的利益来实现完成，这样还会增强它本来所具有的严肃性和教育效果。

二、设定目标的主要原则

原则指代说话、行事需要根据一定的准则进行实施。大学生主题教育的目标能否适应党和国家的新形势新任务，是否具有相关的针对性与实效性，则与目标设定的主要原则有着极为重要的关系。合理地设定大学生主题教育目标的主要原则，对确立大学生主题教育的目标有着一定程度的意义。

（一）方向性原则

方向性原则是指在设定大学生主题教育的目标时，严格按照社会发展的要求进行，也就是与总路线、总方针保持一致性，坚持基本的准则，即正确的政治方向不动摇。在阶级社会中，教育是具有一定的阶级性的，"人们自觉地或不自觉地，归根到底总是从他们阶级地位所依据的实际关系中——从他们进行生产和交换的经济关系中，吸取自己的道德观念"①。在任何社会中，思想政治教育都是作为基础存在的，包括一定的社会经济、政治、文化和社会生活条件，为一定的政治集团、阶级的利益而服务。

在我们国家，主题教育需要体现出社会主义的性质与发展方向，同时应该为实现党的基本路线、纲领和政策服务，因而，大学生主题教育的目标，在具有鲜明的社会主义方向性的同时，也必须反映出一定的统治阶级的根本利益和意志，为统治阶级的政治需要进行相关服务。

大学院校本着坚持社会主义的办学方向，把坚定正确的政治方向放在首位，坚持方向性，主要体现为坚持社会主义和共产主义方向，坚持用马列主义、毛泽东思想、中国特色社会主义理论体系教育年轻力盛的一代，全面落实党的教育方针，紧密结合全面建设小康社会的实际，培养德智体美全面发展的社会主义合格建设者和可靠接班人。大学生是国家未来主要的栋梁和骨干，是社会主义事业的接班人，对他们的教育应与对其他青年有所不同，在对他们进行思想政治上的要求理应比其他青年更高些、更严格些。

因此，必须坚持把马列主义、毛泽东思想、中国特色社会主义理论体系作为指导思想，提高贯彻方向性原则的自觉性，同时要把目标的方向性与方法的科学性结合起来，努力使目标自然渗透到大学生生活中的各方各面，从而潜移默化地影响大学生，提高

---

① 马克思恩格斯选集(第3卷)[C].北京:人民出版社,1972,第133页.

主题教育的针对性、实效性和吸引力、感染力。

（二）现实性原则

现实性原则是指在进行设定大学生主题教育的目标时要遵循一切从实际出发，坚持实事求是的思想路线的基本准则。实事求是，是辩证唯物主义和历史唯物主义一以贯之的科学精神和党的思想路线的核心内容，是坚持马克思主义科学世界观和方法论的本质要求。毛泽东指出："'实事'就是客观存在的一切事物，'是'就是客观事物的内部联系，即规律性，'求'就是我们去研究。"①主题教育活动需要从现实中的实际情况出发，这便是教育规律所决定的无法超越的现实性。

大学生主题教育的目标设定的现实性原则，必须坚持"求是"，在社会发展过程中符合相关的客观规律，符合大学生思想活动的本质特点，符合大学生自身成长成才的规律，当然得建立在原有的思想政治和道德文化素质的现实基础之上。坚持现实性原则使大学生主题教育更真实地贴近大学生的学习和生活，贴近大学生的思想实际，使主题教育落实，降低主观性和盲目性的发生率。

现实性原则要求在设定大学生主题教育的目标时，一是深入实际，调查研究过程严谨，做到求真务实。目标必须反映出鲜明的时代精神和时代的特征，培养社会主义的开拓型、创造型的人才，不搞"花架子"。二是理论联系实际，认识与实践力求做到相互结合，主观、客观统一。大学生主题教育的目标体现支持大学生进行努力与奋斗的同时，还要做到可行的实践性。三是与时俱进，根据发展的观点，掌握大学生主体思想的随时动态变化，大学生主题教育的目标需要根据社会的发展进行。

（三）层次性原则

层次性原则是指设定大学生主题教育的目标要根据对象的

①　毛泽东选集(第3卷)[C].北京：人民出版社，1991，第801页.

基本特点出发,根据对象的状况不同和具体发展需要,进行不同层次的教育基本准则。

　　高等教育大众化是大学生主题教育的目标存在层次的现实依据,大众化教育培养所针对的学生也是多层次的,它包括最基本的职业者、高素质的劳动者、专门人才和拔尖创新人才,乃至社会精英,相对应地要求大学生主题教育的目标存在层次性。大学生的个体差异是大学生主题教育的目标存在层次性的对象依据。由于社会的不断发展,目标具有阶段性和多样性的特点,主题教育环境也就随之呈现出了多样性和复杂性,主题教育接受主体也具有差异性,主题教育培养目标的设定,必须考虑人们现实生活中的思想政治状况的差异,然后再加以区别对待。

　　因而,大学生主题教育的目标层次性与思想层次性的关系密不可分,大学生主题教育的目标确定需要根据大学生的思想实际状况进行。改革开放的不断深入和社会主义市场经济体制的逐步完善,教育体制和高校招生、高等教育从精英化教育向大众化教育开始转变,于是,大学生个体出现差异,在成长经历、性格特征以及思想觉悟、理论水平等方面都存在着不同的阶段。主题教育目标的层次体系取决于大学生素质的多层次性。

　　因此,在对大学生主题教育进行确立目标时,需要根据不同层次和不同的发展阶段确定不同的教育目标,不能"一刀切""齐步走"。

　　坚持层次性的原则时,一要深入实际,准确了解和把握大学生的思想实际和变化特点,有针对性地对其开展教育工作。只有深入地了解不同层次大学生所体现出的知识水平、思想认识、身心发展的实际情况与阶段性特征,找准侧重点,确定相应的教育目标体系,方能增强主题教育的实效性。二要整体规划,在不同的阶段确立不同的教育目标。大学生主题教育的目标在发展的过程中,应体现出不同的目标,要做整体规划,使目标的先进性和现实性统一并体现在层次性上。三要营造民主氛围环境,充满和谐,使其既能满足大学生发展的共同要求,又能满足大学生在不同个性、特长、才能方面的需要,为大学生个性和才能的发挥和发展提供了一定程度上的条件,从而使大学生获得健康全面的发展。

(四)系统性原则

系统性原则,也叫作整体性原则。具体指代设定大学生主题教育的目标要遵循把其视为一个系统,再通过系统整体目标的优化为准绳,通过总目标来协调各部分的目标,最终使系统达到完整、平衡的基本准则。

所谓系统,是一个特定结构和功能的有机整体,由若干个互相联系、互相依赖、互相作用的要素按照一定的方式组成的。目标是个集合概念,从它的体系结构来看,大学生主题教育目标系统是由多个子目标构成的,每个子目标都有其规定性,又各有其一定的特殊功能。

与此同时,它们相互联系、彼此渗透。各个子目标不可分割地、有机地联系在一起,组成一个完整的大学生主题教育目标的整体,充分发挥大学生主题教育目标的整体作用。

大学生主题教育目标作为大学生主题教育达到的一个预期结果,必须针对全体学生,建立起完善的科学的主题教育体系,达到统一性的目标。

一方面,学校、社会和家庭皆应对学生的教育形成一致性,进行全方位育人的良性机制;另一方面,由于思想品德发展水平的阶段性特征,受教育者思想品德的形成,会是一个长期培养、循序提高的过程。主题教育的目标想要转化为大学生的素质,必将历经一个由较低向较高逐步发展的历程。

因此,设置阶段性的主题教育目标,应按照大学生的身心发展、认识和教育本身的规律,按照主题教育目标的要求,在不同的阶段由易到难、由简到繁、由低到高逐一进行。循序渐进,把目标慢慢延伸开来,对内容进行深化,注意系列化和连贯性,逐步实现大学生主题教育的总目标。大学生主题教育的总目标必须分阶段一步步实现,在完成一个又一个的具体阶段性目标后,最后完成主题教育的总目标。在这一过程中,远期的总体目标与近期的具体目标,两者缺一不可。

可见,大学生主题教育目标是由总目标到具体目标所构成的一个层次复杂的系统,下一级目标往往是实现上一级目标的手段,由浅入深,由低到高,一个个地加以实现,最终接近和实现总目标。坚持系统性原则要注意内外协调。外协调即学校主题教育目标必须适应国内外政治、经济形势发展的需要,不断调整教育目标,增添新型的内容;而且这种教育目标的贯彻和实施还要适应大学生身心变化发展规律,进行协调教育。内协调即大学生主题教育的目标层次实施的最优化,不能凭借教育者的主观意志在实施中忽左忽右,也不能在强调这一方面内容时忽视其他方面,应当协调发展。

第三节　高校德育活动的基本原则

对大学生进行主题教育时必须遵循主题教育的基本原则。主题教育的基本原则依据主题教育任务与主题教育过程的规律而制定,同时也是对教育实践经验的概括与总结。

一、教书与育人相结合的原则

教书与育人结合到一起,是指学校教育在坚持育人为本、德育为先的时候,需要把培养人才作为根本任务,把主题教育摆在首位来对待。

教书与育人在一定的意义上来说,是一个统一整体,教书是手段,育人是目的,两者相辅相成,不能割裂来看。因此,大学教育在针对学生传授科学文化知识的同时,更重要的是注重教授给他们为人处世的一些经验和教训。让他们学会怎样去从事做事,更应该让他们懂得学会做人的重要性，以促使他们得到人格上的升华和素质上的完善。中国教育从古至今都重视和强调教书和育人的有机结合。在传统时期，《礼记·学记》中提出："师者，教之以事而喻诸德者也。"韩愈对教师的职责就进行了系列精辟的概括与阐述，他说："师者，所以传道、授业、解惑也。"伟大的人民教育家陶行知先生也明确指出："千教万教教人求真，千学万学学会做人。"中科院院士杨叔子先生也认为应该把"教会学生如何做人"作为我们学校教育学生的一项首要任务。

（一）教书必须育人

在历经十多年的学校教育过程中，大学生从各个方面掌握了丰富的文化知识。然而面对这个知识飞速发展、科学突飞猛进的时代，科学技术这把"双刃剑"的特性也明显地带有它的特征。利用合理、得当，可以充分发挥科学技术的积极作用，用来更好地造福社会。例如，印刷术、造纸术的发明和电灯、电话的发明出现以及运用到社会生活中就是很好的例子；否则，利用不当、不合理，不但严重影响人民的生活质量，甚至给人类带来严重的灾难，如战争中投放的大量有害的核武器的使用，就是最好的证明。

对此，门捷列夫曾一针见血地指出："知识如果掌握在没有道德的人手中，犹如疯子握有一把利剑。"假设一下，如果我们辛辛苦苦培养出来的大学生，到最后学财会的成了贪污犯，学经济的协助外商对付国家，学法律的无视法律，学电脑的走上高科技犯罪者的道路……后果可想而知，国家和人民会受到多大的打击和危害，让人不寒而栗。

可见，教会大学生学会如何做人，为他们导向、引航是有必要性的。

（二）育人离不开教书

一方面，任何知识的形成都离不开社会发展的历史，同时兼有一定的思想倾向性，知识是有思想的，教书必然育人。

　　另一方面,没有科学知识的教学,要想形成学生的辩证唯物主义世界观和共产主义人生观,以及积极、向上的道德品质,都是"空中楼阁",绝不可能存在的。而针对培养大学生的社会主义政治方向,对于科学文化知识和真理是他们必须掌握的。简单的生活体验,进行主题教育是不够的,而简单的空洞说教,更会适得其反,得不到想要的结果。

　　坚持教书与育人的有机结合,就是说,教师既要教好书又要育好人,必须做到以下几点:

　　一是做学生的良师益友,对学生关爱、呵护,深入了解学生的各个方面。教师职业道德的基本核心就是热爱学生,关心学生,这不但是教师热爱教育事业的具体体现,也是"教书育人"取得成效的必要前提。正如乌申斯基所说的:"如果你不热爱自己的学生,那么你的教育一开始就结束了。"[1]我国著名教育家夏丏尊也曾说过,教育不能没有爱,犹如池塘不能没有水,没有爱就没有教育。

　　教师对学生的关心,不仅要在学业方面,还要在思想、生活、身体等各方面像对待自己的兄弟姐妹一样,深入了解学生的想法,这样,才能赢得学生的信任感,愿意与你进行交流。也只有这样,教师才能真正地与学生的生活贴近。

　　二是严于律己,做到表率作用。邓小平同志指出:"一个学校,能不能为社会主义建设培养合格的人才,培养德智体全面发展、有社会主义觉悟的、有文化的劳动者,关键在教师。"教师的表率作用,对学生来说是一种潜移默化的教育。教师的一举一动以及他们的品德言行等,对学生都具有熏陶以及诱导的影响;他们的意志品质、仪表风度、道德行为等都可能被学生认同或是模仿学习,甚至成为学生崇拜的对象。因此,教师在教书育人时,必须做到言行一致,表里如一,以身作则,只有这样才能达到教书育人的目的。

---

　　[1]　王秀兰.教书育人——高校教育的主旋律[J].开封大学学报,2000(2).

三是严格要求,进行合理的管理。在社会主义市场经济的条件下,随着对外开放的不断深入,我国社会经济成分、组织形式、就业形式、利益关系和分配方式等各方面都发生了不同层次的变化;同时,随着国际往来的关系密切,大量西方文化、价值观涌入进来,对学生产生了较为深刻的一定的影响,造成少数大学生纪律松懈、道德滑坡,思想也有所变化。有的学生甚至不愿意刻苦学习,对集体也是不闻不问,对待学业的态度松松散散。

对此,急切需要进行正确的主题教育,同时还应建立严格的教学管理制度和学生日常管理制度,加强管理;对肆意违反校规校纪的学生,进行相关程度的处罚,不能纵容他们的所作所为。这些措施既有利于发扬科学的治学精神,培养学生优良的学风,督促他们更努力地学习,也为他们毕业后走向社会打下良好的科学文化和思想政治基础。

二、教育与自我教育相结合的原则

教育是人类生活现象中所特有的一种社会现象。对待大学生的主题教育,最恰当的方法手段就是通过学校党政干部和共青团干部、思想政治理论课和哲学社会科学课教师,辅导员和班主任等对学生进行合理的思想理论、思想品德和人文素质等方面的教育。正确地引导和帮助他们构建正确的世界观、人生观和价值观,培养他们适合时代发展、符合人民要求的社会主义建设者和可靠接班人。

自我教育是指根据社会的要求,个体有目的、主动地对自我提出一定的任务,把自我作为认识、调控与改造的对象,以提高和完善自我素质为最终目的而进行的一种教育活动。作为教育的最高境界和最终目的来讲,是实现培养人才的一种最为有效的手段。进行相关的自我教育是指大学生为了有良好的道德品质而自觉开展的活动,是实现自我发展目标而进行的活动,也是加强素质教育的必要条件。

教育与自我教育的相结合,是指在充分发挥学校教师、党团组织的教育引导作用下的同时,也要充分调动大学生自身的积极性和主动性,进行自我教育、自我管理。

首先,大学生进行思想政治方面的教育就是进行自我教育,这也是提高大学生思想素质的重要途径。大学生的这个时期,正处于人生的重要转折时期,虽然掌握了一定的科学文化知识,分析问题和判断问题的能力也具备了;但是由于经验缺乏,不充足,加之浅显的社会阅历,相对稳定的世界观、人生观和价值观尚未形成等各种原因,在面对纷繁复杂的国际国内形势,尤其是社会迅猛发展,多元文化猛烈碰撞的时候,他们在思想上往往存在着相应程度上的盲目性和迷惑感。

这就需要高校从事主题教育工作的专业人员通过课堂教学、讲座、谈话和社会实践等多种方式对学生进行积极、正确地教育与引导,使他们增强辨别是非的能力,增强抵制各种诱惑的自觉性,培养他们的高尚品德。

其次,自我教育是高校主题教育中的一个重要环节,同时也是实现高校思想教育目标的必然要求。教育家苏霍姆林斯基指出,"真正的教育乃自我教育"。教育家叶圣陶则说:"教育的目的是为了达到不教育。"不教育显然并不是放弃教育,而是为了促使个体摆脱外界被动性的教育而主动性地进行自我教育。而思想素质、政治素质,是一个人在自我发展、自我完善期间对外部世界的感知,是对所受知识的自我理解及自我选择性的接受。

一方面,对大学生进行的思想道德素质对于提高自我教育是有利的。如果一个人的自我教育能力比较强,那么对于实现思想观念由外向内的转化也比较容易;同时对外界的事物也能做出合理的判断与抉择;善于明辨是非、善恶,才能在错综复杂的国内外形势下,保持清醒的头脑,从而坚定决心和信心。

另一方面,社会的发展突飞猛进,科学技术的日新月异,迫使大学生应该不断增强自我教育的能力,毕业后对于社会才能有更为深刻的认识,易于接受现实,走出狭小"自我"的圈子,服务于社会的同时,体现自我价值。

在大学生思想政治的教育中,要实现教育与自我教育的有机结合,就必须做到:

第一,进一步巩固师资队伍的建设。学校党政领导和共青团干部,思想政治理论课和哲学社会科学课教师,辅导员和班主任是大学生主题教育的主体。

学校的主题教育的成效和学生思想素质的好坏都受影响于他们的专业水平高低、思想素质的好坏。因此,对于大学生主题教育工作队伍的建设,学校必须引以重视,使所有从事大学生主题教育方面的人员,明晰正确的政治方向,加强思想道德修养,增强对社会持有的责任感;以身作则,关爱学生,成为他们成长道路上的指导者和引路人。

第二,加强学生会、班级集体等组织的建设,充分使它们的作用在学生思想教育中积极发挥。结合学生自身的特点,进行各种有效的主题教育活动,让大学生拥有更多认识自我、表现自我的机会,以利于大学生独立、自主、自治精神的发展和大学生自我教育能力的提高。

第三,深入开展社会实践活动。社会实践是"经历风雨、开阔世面、增长才干、做出贡献"的一个重要途径,是提高思想政治理论课实效性的重要环节。当代大学生由于严重地缺少社会实践,缺少对社会的深入了解和真实过程中的体验,因此,他们对理论的深入理解与掌握并不是特别到位,不利于理论知识的内化。积极开展大学生"三下乡"等来自社会中的实践活动,引导大学生走出校门,积极参与到工农劳动中去,进行实践,在一定程度上,增强他们自身的素质,提高自我教育的能力。

第四,利用网络,发挥出它的积极作用,营造恰当的校园文化氛围,优化育人环境,形成发展学生自我教育能力的良好气氛。在社会的不断发展、进步、科学技术的迅猛发展和高校自身的变化整合、完善下,大学生日常生活构成了三大环境:互联网、学术社团、教室。面对教学环境和教育对象的实际变化,学校也应该针对校园网建立与学生互动的网络平台,改变传统的教学模式,使教育对象的主体地位和自主意识得到充分的发挥,使教育对象提高自我教育的能力。

同时,还要建立各方面学生课外学习的小组,积极开展针对学生喜闻乐见,能够接受并参与其中的、丰富多彩和健康向上的学术、科技、文体活动,净化校园环境,抵制腐朽思想的影响和侵袭。

三、政治理论教育与社会实践教育相结合的原则

在大学生主题教育中,政治理论教育是一个重要的组成部分,它的主要渠道是通过高等学校思想政治理论课来进行。政治理论教育实际上就是通过思想政治理论课,系统地向广大学生传授马列主义、毛泽东思想、邓小平理论和"三个代表"重要思想等,以帮助他们树立正确的世界观、人生观、价值观,引导他们走向健康、积极、向上的发展道路。

加强高校主题教育工作的一个突破口就是社会实践教育,是提高大学生思想政治理论课实效性的一个较为重要环节,针对大学生更加充足地了解社会、增长才干、奉献社会,培养品格,增强社会责任感有着较为重要性的作用。

一个人的成长,光靠书本知识,没有实践的锻炼是不行的。大学生要想成为一个有社会责任感的人,就需要找到自己的立足点在哪儿,然后通过相关的实践对国家和社会进行一定程度上的正确认识。所以,对于"象牙塔"里的大学生来说,必须有相关的意识认识社会,这将是一件重要的工作。

对大学生进行主题教育的过程,其实就是教师向学生进行传递知识以及知识内化的一个过程。在这个过程中,政治理论与社会实践教育两者的关系密不可分,相互影响。始终坚持主题教育和社会实践教育相结合,也就意味着,对大学生进行主题教育时,不但要注重来自课堂中的教育,还要注意用合理的方法去正确引

导大学生深入社会之中,了解社会、服务社会。

具体说来,就是针对大学生进行系统的思想政治理论教育的同时,学校教育教学总体规划和教学大纲中必须要有社会实践这一项,在此基础上,合理规划学时学分的制定,提供必要的资源保障。

积极地探索和建立社会实践与专业学习相结合,与服务社会相结合,与勤工俭学相结合,与择业相结合,同时也要与创业相结合的管理体制,增强社会实践活动的效果,培养大学生的劳动观念和职业道德。合理安排大学生进行相关的社会调查、志愿者服务、公益活动以及勤工俭学的社会实践活动。注重对社会实践基地的建设,扩大、丰富社会实践的内容多样化,在一定程度上来说,有利于提高社会实践的质量和效果,这样一来,让大学生在实践过程中,不仅受到了相关的教育,同时也增强了对社会的责任感。

四、解决思想问题与实际问题相结合的原则

主题教育中的重要职责就是关于解决思想问题和解决实际问题,而调动人的积极性的重要手段则是通过相关的精神激励和物质激励。而思想问题一般来自实际中出现的问题,学生的思想问题大多是由学习生活中的一些实际问题所引起的。如果一味地强调解决思想问题,而不切实深入大学生的实际生活中,不注意解决大学生遇到的实际问题,思想教育就会脱离学生,收不到实效不说,还会适得其反。

随着高等教育体制改革的不断深入,处在新与旧的体制转型时期,大学生面对巨大的社会压力,思想方面极易产生一系列的突发问题。

因此,针对大学生进行主题教育的时候,合理进行对于解决思想问题与解决实际问题的有机结合,在以解决思想问题为主的前提下,解决思想问题过程中出现的实际问题。始终坚持讲道理

办实事的同时，密切关注学生的思想和生活，两者同时进行。

真正做到解决思想问题和解决实际问题的有机结合，需要做到如下几点：

首先，进行教学的过程中，着力研究大学生的思想发展规律，了解大学生的思想问题症结所在。伴随着高等教育大众化的实施，大学生由少数的"社会精英""天之骄子"变身为"普通公民"，不过他们在大学生活中遇到的问题仍然有共性，如世界观、人生观、价值观、道德观、理想、爱情、择业等许多的问题。

这就说明需要对在校的大学生从学习和生活入手，进行长期的观察和思考，研究问题所在，进而采取有限的针对措施。

其次，做到合理的大处着眼，小处着手。大处着眼指讲大道理，通过思想政治课对大学生进行有关理想信念的教育、公民道德教育和素质教育，正确地引导和帮助大学生形成合理的世界观、人生观、价值观，提高他们的思想道德素质，这是高校思想政治课的根本目的。

而对于小处着手，是指主题教育与学生的实际学习、生活进行紧密结合，要从解决大学生在大学学习、生活中所遇到的问题开始，使大道理对他们形成一定的影响，切忌空泛说教。大处着眼，小处着手的目的就是通过解决大学生在日常生活、学习中遇到的问题着手，解决大学生所遇到的一系列实际问题，进而提升大学生的思想、道德和精神境界。

五、教育与管理相结合的原则

教育要以人的思想为主，因为它影响学生形成一定意义上的政治观念、法律观念和道德观念。对学生的政治行为、法律行为和道德行为进行合理规范，是管理最为基本的目的。教育靠内在的一定思想来管理人，管理则通过外在形成的约束来对人进行教育。

如此一来，形成"你中有我，我中有你"；思想教育贯穿管理工作的始终,而管理工作又依赖于教育为其提供的条件和鼎力支持;可以说,管理的过程就是思想教育贯彻和落实的过程,思想教育的手段可以通过管理的方式表现出来,两者相辅相成,密切关联。

坚持教育与管理相结合,具体来说,体现在以下几个方面:

(一)提高认识,加深理解

大学教育的一个最为重要的方面,就是明确大学生的主题教育。因为,明确大学生的主题教育,面对的是全部的大学生,内容多,范围广,难度的同时,光凭借少数的政治领导干部和思政教师的力量远远不能满足当前的教育状态。

所以,应该充分调动所有教师和行政工作人员的积极性,一起深入学生中间去,了解、关爱学生,尽力把工作做好,防止"两张皮"的现象发生。

(二)加强师资队伍建设

一是要创造条件协助教师在一定程度上提高师德和业务水平,使他们做到爱岗敬业、教书育人、为人师表,以良好的思想政治素质和道德风范去影响和教育学生。

二是要大力提高行政工作人员的素质,使学校管理朝向育人导向,把严格的日常管理与引导大学生遵纪守法、养成良好行为习惯结合起来。

三是要加强后勤政务的建设,让后勤服务人员搞好后勤保障,为大学生办实事、办好事,让大学生在优质的服务中受到感染和教育。

(三)加强校园文化建设

良好的校园文化对于人们的心灵能够起到潜移默化的持久稳定的影响,特别是针对青年学生的意志磨炼和人格塑造起到巨大的促进作用。使校园文化成为大学生主题教育的自觉手段就是通过加强校园文化的建设,使青年学生受到一定程度上的潜移默化的影响,对提高大学生的思想道德素质有一定帮助。

六、继承优良传统与改进创新相结合的原则

把优良传统与改进创新做到很好的相结合,就是通过在继承党的思想政治工作优良传统的基础上,对新形势下的大学生主题教育的新途径、新办法进行相关的积极探索,做到能够体现时代性,把握规律性。

教育的发展是历史发展的过程。不能忘记历史和传统,否则就会使现实成为无源之水、无本之木,和背叛没什么区别。

长期以来,在对大学生进行主题教育的过程中,高校累计了许多成功的借鉴经验。关于内容,高校在思想政治、伦理道德等方面积累了很多值得当代大学生学习的优秀成分。关于方法,榜样教育法、灌输教育法、情景引导法等仍是当前高校做好主题教育的宝贵财富,需对其进行发扬光大。

对于优良传统不能忘记的同时,也需要面对新形势、新任务,着重增强实效性,充分发挥高校思想政治工作教育人、引导人的作用,做到与时俱进,不断改进创新。

当前,国内外形势相对而言错综复杂。对于大学生主题教育来说,真正实现继承优良传统与改进创新的有机结合,就需要做到:

(1)在观念上,随着高等教育事业的发展,高校扩招人数的增加,我国高等教育正在逐步由"精英教育"阶段转向"大众教育"阶段迈进。

因此,高校主题教育工作者所面对的教育对象也有了一定程度上的变化:他们不再是高级中学最优秀的群体,而是正在接受教育的普通公民群体,大学生必须在观念上清楚地意识到这一点。

(2)内容方面,进行马列主义、毛泽东思想、邓小平理论教育,

党的基本路线、基本方针、基本纲领教育,爱国主义、集体主义、社会主义教育,世界观、人生观、价值观教育的同时,把时代发展的特点和要求相互结合起来,做相关方面的改进。如为了提高学校主题教育的针对性与实效性,针对学生理论与实践结合能力不强的事实,向他们提出学习"三个代表"重要思想的具体要求,说清楚"明理诚信"的具体办法等。

(3)在方法上,应在传统"灌输教育"的同时,寻找更多行之有效的新方法。主题教育的效果是教育者的德、识、才、学、理、行和科学的教育方法与技巧的一个具体表现。

加强和改进主题教育,需要讲求一定的科学性、原则性,又讲艺术性、实用性,如此一来,主题教育的效率和效果才会有一定程度上的提高。

而传统的"灌输教育"法,解决的只是认识及观念表象的一些问题,对于解决思想道德实践问题做不到好的对应措施,这就要求高校主题教育的方法在传统"灌输教育"的基础上,进行合理探索,结合实际问题,改进、创新,如采用养成教育、潜移默化等方法。

(4)在机制方面,随着社会的变迁与教育对象的不断变化,相对应的主题教育机制必须有所创新。主题教育机制是指主题教育在运行的过程中各构成要素由于某种机理形成的因素联系和运转方式。这个机制的作用受到相关制约的影响,分别来自社会经济、政治、文化、心理等,也受制约于教育者身心发展的水平。

因此,高校对于信息网络技术,应该予以重视并进行充分的运用,把信息网络技术带来的新问题归纳并认真解决,促使主题教育适应信息网络化时代的到来。

第三章　主题德育教育的艺术

　　德育是一种高层次的文化教育,德育创新应注重认识和把握德育与文化的内在关系。德育过程在本质上是体现科学价值观传承与升华的过程,由此也表现为一种先进文化传承与创新的过程。在德育实践中,应树立科学的文化德育理念,探索网络文化背景下有效的文化德育模式,推进德育创新。

第一节　主题德育的导入艺术

　　当下,道德有所缺失,人性出现某种扭曲,有人认为是道德教育陷入困境之结果,人们呼唤道德和人性的回归,理所当然地也呼唤德育的彰显,学者们则更是对其或做反思式探究,或做前瞻性研究,其诠释各有不同,但有两点是相同的:一是德育问题是一个真问题,而不是一个假问题,对此我们应做智性的探究;二是在德育及其研究中,日益显现出人文缺失的弊端,其根源在于交往的缺失和目的理性的盛行。对此,人们亦都想考察、探究个明白,并寻找解决问题的出路。然而,真正的出路在哪儿呢?德育的真谛是什么呢?解决问题的出路在于从交往理性出发,确立"交往德育"理念。交往德育是一种主体间性教育,是一种师生的存在生存,其真谛是通过师生真诚而非扭曲的交往,指向一种"美好和真诚的生活"。

一、人文缺失:德育及其研究的现实困境

　　在古希腊学术传统里,"知识"(knowledge)一词包括对外在

客观世界的了解和道德上的实践(moral practice)。前者是一个事实问题,后者是一个价值问题。就价值判断而言,苏格拉底(Socrates)就认为"美德即知识"①。在他看来,没有人喜欢或追求恶,作恶的主要原因是对善的无知。对于一个人来说,首要的是要知道什么是"善",这种理性状态能够分辨善恶,判别是非,它是正确行动的基础,是"成人"的铺路石。事实上,苏格拉底所说的知识,是一种关于人生的综合信念、一种"识见"。它主要是一种指导人生的艺术,是"实践性的知识",亦即对人生、社会、世界乃至宇宙的理解和对道德的把握。道德的知识或"道德上的实践",在这里包含两层意思:一是个人对自己或他人行为的一种道德责任及其承担,这是微观层面的道德实践;二是个人对群体、社会或国家的义务和责任,尤其是对社会风气或流行价值观的批判以及对执政者的施政监察,这是宏观层面的道德实践。② 这种知识观跟我国古代的把"知"与"行"结合在一起来考察的道德观有异曲同工之处。我们对外在世界的认识跟我们的道德行为有直接关系,这似乎是人们的共识——我们对外在世界及事物的了解,理所当然地会影响我们的道德抉择和对社会的批判。然而,如果我们对这一问题做一番省思,就会发现事情并非如此简单。

(一)传统德育的迷思

我们不可能在真空中进行探究,而只有在传统中才能进行。任何探究又须从问题出发,以某种方式展开。而提供这些问题及思考方式的正是我们所承继的传统。对德育传统的理解,使得德育之将来变得可知。

传统德育寓于德育传统之中。应该说,传统德育对文化的传承、社会的统一和个体的社会化都起到了一定的作用,它之所以长期存在,是有其一定的历史必然性及合理性的。它所采用的方

---

① 苗力田.古希腊哲学[M].北京:中国人民大学出版社,1990,第251~252页.

② 阮新邦.批判诠释与知识重建——哈贝马斯视野下的社会研究[M].北京:社会科学文献出版社,1999,第3页.

法主要是灌输（indoctrination），而灌输作为一种德育方法，自身并没有谬误，也没有什么不好，方法只是手段。在原初的意义上，方法只是沿道而行，即循道（道乃本源性的存在）。但因众多因素（如经济、家庭、社会及政治结构之根深蒂固以及人们知识水准普遍低落等）的影响和作用而至"理念化"，结果沦丧为"一言堂"、强迫和控制，致使德育在目的理性取向的作用下所体现出来的优越是以人的独立性乃至整个人性的丧失（即人的异化导致的意义的丧失和自由的丧失）为代价的。换言之，当它们走向极端，加之时代的发展变化，特别是面对信息时代和市场经济具有的许多新的特征时，便暴露出不适应、不足、问题甚至错误，道德规范、原则反转过来成为束缚人的枷锁和社会进步的障碍。

应当说，一切道德的规范都是人们在追求和需要人性的过程。这种意义所规定的是建立在人与人之间合乎道德的标准上的关系。当规范脱离或者背离这一标准的时候，任何的规章制度都会成为一个"空壳"，人们无法从中感受和领悟到道德的根本，激发不了人们对道德的基本意识。道德的培养离开了它的"根"，所能形成的道德品质也只会是无源之水、无本之木。这样培养出来的人，其道德发展也只能始终处于一种"知道"的水平上，就无法根本地理解道德的深刻含义，更不能实践道德的根本。

传统德育（包括现行德育）欲将理论与实践交融，终因缺乏理实二分的思想和对主体性原则的张扬，而致理论高于乃至架空了实践，成为"玄论""空谈"；终致传统的人文精神和学生的道德创新意识均未得到很好的凸显。另一方面，虽有众多的人重视并强调知行结合或知行统一，但因其认识论的倒置，结果是知行二分。

1. 德育主体：主体性及自主活动缺失

德育主体的主体性，就是在德育活动中，作为主体的受教育者在教育者的价值激励下，处理同内、外部世界的关系时所表现出来的功能属性，例如自主性、积极性、创造性等。这些都是能充分发挥的德育主体性。在传统的教学理念中，由于受主客二分思想的影响,我国的师生关系一直处于"主体—客体"的关系,即学生是客体,老师是主体。老师一直处于主动的状态,而学生则处于被动的、从属的地位,从未表现出主体性。在这种思想观念的影响下,占主体地位的是教师及其对学生所施加的各种外部影响,也是老师在主体方面对道德规范施加于影响及观念,似乎主导了学生对道德方面的观点,而不去关注和考虑在规范和观念等知识背后、产生这些知识的主体。教师就成了真理的化身,是道德体现的领导者,学生就处于接受者、塑造者的客体地位,并且适时给予与之相应的反应。因为教师闻道先于学生,于是也就有了先在的话语权,成为绝对权威,可以向学生"传道、授业、解惑"。但是却忽略,甚至否认了学生的能动性与创造性。

2. 德育实践:与生活阻隔

传统德育作为一种知识性德育,它在获得自身独立存在的价值(在科学主义的作用下,德育曾经历过一次解放,即从德育与人类的生产和生活融为一体、尚无独立存在的形态发展到有了自己独立的存在形态)的同时,却遗忘了人们置身其中的生活世界和自然界,割断了与社会生活和自然界的"脐带",也就是割断了自己的源头活水。德育从人的"生活世界"和"自然之境"中抽离了。生活世界是与个人实际生活发生真实"牵涉"的世界的总和,其"存有意义是主体的构造,是经验的,前科学的生活的成果。世界的意义和世界存有的认定是在这种生活中自我形成的"①。处于与生活世界和自然界背离状态的大学德育,使学生在老师方面的德育体制下,不能充分表现自己的创造性与鲜活性,只能麻木地接受学校中、课堂上,以及抽象的德育规范性知识,却不能发挥自己的见解。这种德育,不仅割裂了德育活动与社会生活的联结,而且也不能很好地向社会生活过渡。

---

① 胡塞尔. 欧洲科学危机与超验现象学[M]. 上海:上海译文出版社,1988,第81页.

3. 德育过程：知性物化

涂又光先生在谈及德育与智育的区别时指出："知道为智，体道为鲁。"[1]"体道"与"知道"是两种根本不同的教育过程。传统德育即"知道"德育，它将德育的"交往"过程等同于智育的"认识"过程，由专门的机构和专门的人员在专门的时间里，把活生生的道德实践转换成规定性、物化的规范性知识学习，且主要以传授的形式、灌输的方法来实施。它从抽象的道德概念出发，使德育变成了"智育"，道德学习变成了概念学习，"人育""育人"变成了"物育""育物"，而没有将把握人性与把握物性、"体道"与"知道"这两种根本不同的过程加以区别，终致德育变成了知识灌输活动，受教育者被物化了。如此，贯穿于德育过程的乃是接受知识、形成概念、记忆规范、反复练习的机械化"学科规训"。如果说这种德育也存在着交往的话，那也是一种异化了的交往——仅仅表现为观念信息的单向流动，而非人与人的双向建构。

4. 德育后果：学生人格分裂

传统的德育重视的是具有强制性的道德标准，常用一些框框条条、方方圆圆来限定、控制、防范学生。而教师传授给学生的道德标准和观念都是脱离人体认识的本质内涵的，这些规范和观念则成了一堆空洞的限制行为的戒律。它也只是能表达人的一些行为，而无法穿透人的心理。一些学生甚至在行为表现上也是纸上谈兵、言过其实、言不由衷、言行不一。他们或机械地、盲目地服从（规范）；或姑妄听之，阳奉阴违；或表现为无外在制约、管束下的放纵和盲动；或面对现实社会生活，面对充满各种情感纠葛、信仰危机、人际关系失衡等错综复杂却又活生生的生活世界，手足无措、适应不良。这些与德育之主体缺失、与火热的社会生活隔离和知性物化一起，导致了学生人格的分裂。

---

[1]　涂又光. 大学人文精神[J]. 高等教育研究,1996(5).

上述传统德育理念及模式的种种问题,形成了德育理论与实践的"人文空场",是指人性与道德规范所脱离的一种现象。不是以人为主体,也不是相互主体,而是传授又承载或者剥离人性内涵的空洞规范,在实施过程中背离了学生在求学时代对道德规范的要求以及实施的过程。促进大学生的"生命的精神交往"的德育精神,却成为缺乏主体意识,少于互动,缺失道德意识,成为令人生厌的,枯燥乏味的灌输与教条,这种德育可谓是"灌输德育"。

(二)德育典范的转移

德育理念与范式的更新,在此表现为视角的特殊。针对问题的性质、特点等而选择的特殊研究视角,便是对这一问题的研究思路。对于同一现象或问题的研究,采取的视角不同,得出的结论往往也不一样。对于大学德育的研究也是如此,不同的研究者因其视角不同会有不同的回答和结果。

马克思曾指出:"理论只要说服人,就能掌握群众,而理论只要彻底,就能说服人。所谓彻底,就是抓住事物的根本。但人的根本是人本身。"[①]并认为:"任何一种解放都是把人的世界和人的关系还给人自己。"[②]从这个意义上来说,不管经历什么样的过程,选择什么样的视角,都是要归结到人未来的问题上,有效的德育创造新的价值观与人际交往方面的能力,能够解决社会和存在道德问题的人。在大学中,如何发展自己的生命价值观和精神交往,如何成为对社会道德方面有责任、有道德的自主新人。因此,无论从哪个角度来研究德育教育,无论是作为主体还是客体的方向,除了做以政治论和认识论哲学为基础的阐述之外,更应该从不同的方面来研究。这样也许会对我国大学德育危机做出另一层阐释,给我国大学德育带来新的曙光。

---

① 马克思恩格斯选集(第1卷)[C].北京:人民出版社,1972,第9、443页.
② 同上.

1. 交往是人的基本生存方式

在社会发展的过程中,任何的人或者事物都不是单一、孤立、抽象的存在,而是与周围环境相互依赖,相互作用共同存在的,"社会是人们交互作用的产物","一个人的发展取决于和他直接或间接进行交往的其他一切人的发展"①。马克思高度评价了在交往过程中,人们生活的重要性,任何人都不能脱离这个充满与他人交往的社会,不管自愿与否。人与人之间只有交往质量的区别,没有有无交往之分。交往是社会生活的开始,也是社会生活的基本内容,是普遍存在的历史现象。叶澜教授曾指出人类起源于交往,并提出"交往起源说",人类在交往中是不断发展和生产的,已经具备教育的基本要素,与教育同构。② 在市场经济条件下,改革深化,开放扩大,伴随着科技进步和全球一体化进程,人从单向度人到双向度人甚至多向度人,从被动到主动,已不满足于适应行为,而更注重交往行为。

在现代社会,人们的交往范围、交往手段和交往能力都获得了巨大发展,交往更加普遍,更加开放,也更加深刻。人们的交往需求增强了,频率也随之增加,交往在人的发展和社会生活中的重要意义也日益凸现,交往中的问题也随之纷繁复杂化了,以至交往成为人的基本生存方式,成为现代生活的生存状态——交往即生活,生活即交往。人有灵,人追求生活,而不仅仅是活着。

当人们倾心于生产和技术领域的开发交往时,往往会忽视甚至回避了生命的精神交往和生活世界的交往,大学生也不例外。大学生交往乃是大学生这一特定群体在大学这一特定社区内进行的相互来往及其现象以及由此而形成的相互依存关系。每个人的发展都离不开群体,群体的发展同样离不开个人的进步,互为条件,互为互动。共生——相互依存和发展。并且,在这个社区内部各组成部分相互依赖的共生系统中并不排斥竞争,这也是

---

① 马克思恩格斯全集(第 3 卷)[C]. 北京:人民出版社,1960,第 515 页.

② 叶澜主编. 新编教育学教程[M]. 上海:华东师范大学出版社,1991,第 32 页.

大学和大学生发展的必要条件和良好机遇。大学生便是在这一境遇中实现社会化和个性化的。共生中的竞争和竞争中的共生，社会化中的个性化和个性化中的社会化，便构成了大学社区的区位秩序、交往现象和交往关系。

追求和谐、自由、公平、互惠、文明的人际关系环境，是人的本性需要，是人的幸福之源，也是人生的重要目的。建立完整的人际交往体系，须从两方面着手：一是促使人际结合；二是努力挖掘由人的对立所产生的积极效应，遏止和清除其消极作用。要想成为"自己社会结合的主人"，就要加强社会交往，交往有利于社会关系双方的相互理解和沟通，有助于在社会发展过程中，实现互帮互助、互惠互利的状态，有助于彼此之间产生熟悉亲切的情感，有利于意见的统一。在交往过程中，可以对他人深入地了解，产生共同的兴趣爱好，价值观等，借助交往，当事人对行为的规范、角色要求有着相同或相似的认同，这有利于他们在互动过程中做出正确的角色期待、意义解释和人际反应，也有利于对立双方"和而不同"，产生一种"群体共生效应"。

2. 大学德育是促进大学生生命的精神交往的育人活动

社会活动是人存在和发展的基本方式，而人的任何一项社会活动都离不开交往，都以交往为前提。大学德育作为促进大学生生命的精神交往的社会活动，理应着眼于、落脚于日常生活行为和交往实践，拟交往化、生活化、社会化和个性化，而不应脱离社会交往的实际、大学生活的实际和大学生社会化的实际，不能无视生活、社会的需要，尤其是大学生自身的需要。大学生与中小学生的交往有很大的差异，这较充分地表现在个体社会化方面。

从一定意义上讲，德育即个体道德社会化过程。所谓的个体社会化过程，在社会文化的驱动下，一个自然的人逐渐适应社会的要求，发展成为一个社会人。社会参与者享有分享社会文化价值观和规范要求的条件。美国著名的社会心理学家弗洛姆（E. Fromm）

曾对社会化做如下定义:"社会化诱导社会的成员去做那些要想使社会正常延续就必须做的事",是"使社会和文化得以延续的手段"①。对于中小学生来说,还是一种强制性的接受社会化发展,强制性过多干预学生的认知能力,会压抑学生的自主能动性,体现社会化,几乎没有人性可言。大学生则属于比较自主的,具有自我认知的能力,比较成熟的经验,生活的场域比较开阔。他们与中小学生不同,在社会交往过程中,追求的是一种自主性,自觉性和自由的个性化交往。他们有扩大交往、学会交往和进行生命的精神交往的需求。以及在个性化过程中社会化,同时也在社会化进程中个性化。

由于个体的道德成长,不是自然成熟的过程,而是教育改变使其发展的过程。就人作为一个自然体来说,要成为社会人,文化是他们另一个参照物;要成为一个道德人,道德文化是它的基本参照物。但正如苏联审美心理学家斯托洛维奇所说:并不是每一个人都有条件接触优秀文化的。德育过程正是把通过人类不断学习,不断总结,理性积淀的、优秀的、有恒久价值的道德文化筛选出来,为个体提供一个道德价值及规范体系的参照架构。其中既包括认知学习的架构,依此得以了解社会伦理关系的知识;也包括情感学习的架构,依此在情感态度上认同社会所许可和倡扬的价值取向。由于这一道德文化的基质性、稳定性,由于它与一定社会提供的主流道德文化相一致,甚至是制度化了的道德文化的权威性,它体现为明显呈控制上强势、显势的道德文化传递权力,对个体的道德社会化具有以下两种正向的、强势的、或显或隐的、长期作用的效能。德育过程以筛选、选择、传递和接受优秀的人类道德文化为基本目标和任务,对个体的道德社会化具有最重要的正向效能。

---

① 转引自黄育馥. 人与社会——社会化问题在美国[M]. 沈阳:辽宁人民出版社,1986,第5页.

二、当代大学生道德主流状况

(一)政治意识强烈,意识品质坚强

在日益遭受市场经济意识的剧烈冲击下,大学生是否能够坚持心中的信仰,是否能勇于承担时代赋予的使命与责任,又是否能够实现先辈们为之牺牲和奋斗的事业。当代大学生更加注重自我的主体意识的增强,注重自我价值观的展示和个性的张扬。学我所好,用我其法,施我所长,以思其变。大学生应该刻苦学习,提高各方面的素养,深刻地体会思考如何积极向党组织靠拢,如何深入领会党的伟大思想。任何个人的奋斗都和国家的兴衰息息相关,只有深入学习贯彻党的思想观念,并能关注国家的发展,并为之奋斗。大学生只有具备正确的政治方向、具有坚定的理想信念,才能成为中国特色发展社会主义事业建设者和接班人,才能担任起实现中华民族的伟大复兴、发展中国特色社会主义的历史使命。

自强自立是当代大学生意志坚强的主要表现。近年来随着高校的扩招,高校里贫困大学生越来越多,但是他们大都能正视现实,把困难当成砥砺自己意志的铄石。通过助学贷款和不同形式的勤工俭学来支付自己的生活费用以及学习费用,以此来完成自己的学业。坚强的品质和较强的自控能力是当代大学生所具有的共同品质。

(二)人生观积极健康,求知成才欲望强烈

人生价值观是指人们认识和评价自己在社会中有无价值及价值大小的基本观点。社会主义市场经济的建设,充分展示了我国社会主义现代化经济市场的巨大活力,这样为大学生的成才之路带来了新的机遇。充满乐观、向上、健康积极的态度的大学生,通过不断的努力,在学业上刻苦进取,在生活上乐观向上,具有积

极的人生价值观,希望通过自己的努力实现自身的人生价值;他
们希望自己所学的专业知识在将来的工作中有用武之地,自己的
才华能得到施展。越来越多的大学生认识到个人价值是和社会
价值是辩证统一的存在。

　　大学生在成才的道路上,应当明确认识,个人价值和社会价
值、个人价值与政治价值、个人价值与道德价值是相统一存在的。
要将个人发展与社会发展变化过程紧密结合起来,与社会发展过
程中的需求相结合起来。为了实现"对国家、对社会有用的人"及
"对事业有成就的人",绝大多数学生不断通过辅修第二学位来充
实自己。备考全国计算机等级考试、四、六级英语考试、公务员考
试,以及技能等级的考试,忙得不亦乐乎。调查显示,希望做"事
业上有成就的人"的占54％,做"对国家、对社会有用的人"的占
34％,追求积极人生目标的学生占绝大多数。通过不断的学习,
完善自身,并为成为对社会有贡献的人而奋斗。

　　(三)具有较强的爱国主义热情

　　爱国主义是一个民族长期以来形成的对自己祖国的最深切
最真挚的感情,使人们心中充满自豪和骄傲,是一种深厚的道德
情感,祖国的发展关系自身,把自己的利益与祖国的发展深深地
联系起来,个人的发展就是为了实现祖国的更好发展,关系祖国
的兴衰荣辱。中国大学生具有爱国主义传统,这一光荣传统在当
代仍然被当代大学生传承着。

　　今天的大学生在国家改革开放的进程中,在民族走向伟大复
兴的进程中,时刻心系民族命运、心系国家发展、心系人民福祉,
使爱国主义精神在新的时代条件下发扬光大,赋予了爱国主义新
的内涵:"爱国不一定就要喊口号""在表达爱国情感上更趋于理
性",这是新一代大学生们在表达爱国情怀方面的显著特征。他
们深深懂得,在中国讲爱国主义必须热爱社会主义,要坚持爱国
主义与社会主义的高度统一,坚信党的领导,坚定走中国特色社
会主义道路的信念,这才是强大中国的唯一出路;在中国讲爱国

主义必须发奋学习,刻苦钻研,掌握过硬的本领,报效社会,报效祖国,这才是爱国主义精神在实际工作中的最终体现。所有这一切都说明,当代大学生有较强的爱国意识,其爱国情感趋于理性发展。

(四)道德认知能力较好,水平较高

良好的道德行为应建立在"自我认识"和"内在需要"这两个条件的基础上。大学生属于知识群体,对事物有较高的认识水平和较强的判断能力。当代大学生的道德认知状况总体上是良好的,积极向上的。

当代大学生道德素质主流是积极向上的,形成的原因主要包括以下几个方面:

第一,中国社会主流文化的影响灌输。当前我国社会主义核心价值观是政治文化的核心,是充分影响大学生个体价值观的具体化。对于大学生的政治参与和行为意识,以及对大学生的价值观、人生观的形成都有一定的潜移默化的作用,保证了大学生在以后的发展道路上一直朝着正确的方向前进。

第二,中国社会经济的快速稳定发展。随着改革开放的快速发展,中国经济的瞩目成就,经济的强大发展,社会的繁荣富强,更加拓宽了广大大学生的发展空间,这也进一步坚定了党对全社会的信念,民族的责任感增强,道德素质的进一步升华。

第三,卓有成效的思想政治教育。社会的发展不只需要重视经济的发展,更要注重加强思想政治方面的教育,有组织、有目的、有纪律的道德意识教育,对大学生成长、成才的道路发挥重要作用。尤其在20世纪90年代以后,党和政府总结经验教训,积极探索新形势下的思想政治教育的内容和方法,使其焕发了新的生机和活力,具有针对性和灵活性,使得高效的思想政治教育成为高校发展的特色。

三、立德树人，乃大学教育之本

古人云："大学之道，在明明德，在亲民，在止于至善。"大学之道，是在培养大学生的一种道德观念的法则，在推动和践行社会主义价值观的同时，培养和践行社会主义核心的大学之"大道"。推动和践行社会主义核心价值观关键是要在知、行、情上下功夫，使大学成为发展德育的主阵地、先行者和推动者。

培育社会主义核心价值观，首先加强对教育的宣传，要把核心价值观摆在首位。在大学要充分了解认识并加深对思想政治理论课的学习，以及关于涉及社会主义核心价值观的其他课程的学习。通过系统学习加深人们对于核心价值观的理解和认识。作为中国文化之传承的核心价值道德观，在培育过程中，就要充分运用文化对之加以熏陶和浸染，促进核心价值观的发展，使之与我国传统的文化传承紧密结合。我国传统文化流淌在每一位中华儿女的血液之中，塑造着中华民族的独特气质，已经成为人们的共同记忆和身份标识。在传统文化的传播下，必然能推进核心价值观的发展，激发起人们内心深处的文化基因，使得核心价值观能充分展示在更大范围的平台上，得到更多的文化认同。

培育社会主义核心价值观，必须注重实践育人，引导大学生在参与社会实践中积极培育和践行社会主义核心价值观。纸上得来终觉浅，绝知此事要躬行。透彻认识事物本质，准确把握发展规律，形成正确价值追求，树立远大人生理想，间接的书本知识固然重要，但是更重要的在于身体力行，深入社会实践大课堂。要注重实践教育、拓展实践渠道、创新实践形式，让课堂知识与社会实践密切相连。对于青年大学生来说，社会实践是了解中国国情、增长本领才华的重要课堂，是砥砺坚强意志、汲取社会经验的火热熔炉，更是施展青春才华、开拓就业创业的广阔天地。通过社会实践的外化作用，使践行和弘扬社会主义核心价值观春风化雨润物无声地内化为青年大学生的自觉行动。

培育社会主义核心价值观，必须注重情感认同，让大学生真正从内心上认同社会主义核心价值观，并内化于心，外显于行。

一是要尊重、保护内具优秀文化传统的民风民俗。民风民俗是历史文化的一种媒介，通过长久的时间在人们心中成为潜移默化的存在，是一种传播信息的方式。我国传统的民俗民风所蕴含的价值观和道德精神与核心价值观之间存在着一定的联系，甚至是核心价值观的历史源流。新时代下的风俗已经深入核心价值观中，帮助人们更加自觉地接受和吸收核心价值观。

二是要通过树立践行社会主义核心价值观的模范、典型等方式激发青年学生的道德情感，从身边的人、身边的事亲身感受社会主义核心价值观的真正魅力，形成追求真善美的良好氛围。

三是要以社会主义核心价值观为主要思想，大力开展校园核心价值观，完善校园文化活动设施，重视校园文化的发展，以及校园人文环境的培育，建设彰显学校特色、符合时代特征、体现中国特色社会主义特点的特色鲜明生动活泼校园文化，让青年学生在核心价值观的内化中得到更多的情感满足。

第二节　主题德育的语言艺术

德育是教育学生如何做人的工作，如何运用艺术语言去让人感动，教人觉醒。"以德育为首，以教学为中心"，也就是要求我们在教育过程中，把德育工作放在首要地位的同时，更要充分发挥课堂教学的主渠道，全面推进学校德育工作。这项工作中，免不了要用到两种类型的语言，即表扬和批评。表扬鼓励的语言，谁都爱听，怎么说问题都不大，但是批评的话语，要达到预期效果就得注意方式方法，也就是语言的艺术。下面就谈谈德育工作中批评的语言艺术。

一、德育目标华而不实，使之失去可信度

（一）德育的灌输和德育情境的缺失，使德育苍白无力

德育的缺失，是指教育者不创设情境，不顾及受教育的心灵体验而生硬地对其进行德育观念灌输的一种浅层化的现象。长期以来的这种现象，使人们会不满甚至反感这种现象，而且学生也会厌恶，产生抵触的心理，德育并不是道德的灌输，而是在借助于道德的内容，依赖于受教育者对真、善、美的心灵体会。要靠特定的情景中的受教育者的内语、反省、自责、自律等深层次的精神搏击过程，才能形成他的道德观念，进而转化为外显的道德行为。现代德育的弊端是在教育者忽视了在某些方面，受教育者可以将道德观念化为道德行为的这一种规律。人们总是在远离受教育者极丰富的精神世界的情况下，对学生进行隔靴搔痒式的说教，这必然会使德育变得苍白无力，使教育误入歧途。

（二）道德语言的泛政治化，使德育缺乏亲和力语言是具有神奇的功能的

道德的语言是具有政治化的，是与社会政治理念紧密结合的，是从属于道德本质的精神范畴，过于生硬，不易于被主体生命所接受的，并最终导致教育过程的"油水分离"，德育语言无法渗入学生的心田。道德语言的过于政治化对于中小学生的道德教育造成了不可低估的负面影响。因为语言不能体现环境方面的现象，更无法体现个体生命的审美意识，无法正面激励生命奋发向上。在很多情况下，个体还是会排斥生命的道德意识。而优秀的教育语言会引导学生自觉接受和道德自律意识，能强化学生的内在生命体验，激活学生的自主性道德要求，使学生感到真、善、美，从而更易打动人心。

（三）德育主体的失落，使德育目中无人

我们都知道，人的生命由肉体和心灵两部分组成。肉体是生命的载体，而心灵则是生命的本质。就人的生命本质而言，是需要不断发展，渴望尊重，渴望得到别人的理解和帮助，都是需要不断进步的。长久以来，青少年鲜活的生命体得不到充分的展示，是源于部分的教育者长期忽视或者无视青少年心灵深处的喜怒哀乐，从而导致学校的德育教育变成一种游离于精神之外的硬性附加，而无法与生命水乳交融。如果学校的德育工作真正以人为主体，以人的尊严、精神、心灵，人的个性的张扬和生命的关怀为根本前提，那么，这项工作必然会焕发出无限生机。

二、德育工作的语言艺术

（一）批评的方式

批评的方式有很多种类型。不注重场合的数落，粗暴的训斥都是直接导致影响学生情感的主要原因。而苦口婆心的劝说，以及悉心的劝说，这些不同类型的训斥劝说都会产生不同的效果，甚至产生不良的后果，因此，要注意批评的艺术与技巧。

1. 谈话式代替指责式

不管是犯了错误的学生还是应该得到表扬的学生，教师应该正确地对学生进行教育。好的优点，从正确的方向教育学生不应骄傲，而对于犯了错误的学生，陈之以利害、晓之以利弊，希望学生明白错误对其自身的危害性，但一味地指责会让学生在心理上与教师产生距离，他在被动中听，但未必主动地从心理上接纳。

谈话方式应当善于从学生的角度与学生交流，拉近师生之间的距离，实现平等对话，消除学生的对立情绪，这时再晓之以理，动之以情，师生在心理上相互接近以至融洽，学生更容易接受这样的交流方式,在交流过程中更能认识自己的错误,以及改正错误。体会到老师对他的关爱,尊重和信任,从而产生改正缺点,完善自我形象的信心和决心。谈话起到了批评的作用,可能收到较批评更好的效果。

2. 帮助式代替责罚式

在成长的过程中,出现错误是在所难免的,如果犯了错误,老师的过多指责,家长的加倍惩罚,都是造成学生逆反心理和对立情绪产生的原因,还会影响学生的健康成长。当学生出错时,教师要深入地了解出错的原因,当时当地的情况,甚至于家庭状况,诚恳地就学生所需去帮助他们。不管是经济上的问题还是心理上的原因,老师都应该真诚地帮助能解开他们心里的疙瘩,解决实际问题,去除导致学生犯错的根源,进而起到"标本兼治"的作用。

3. 处理式代替热处理式

批评,在学生犯错误时立即进行,学生情感上难以接受,这时各种方式用尽也难奏效,教师们比较喜欢采取的觉得行之有效的纪律处分是解决问题的办法。纪律处分只是强制性的一种方法,并不能从根本上解决问题。产生的结果却是让学生害怕、畏惧,并不能让学生认识自身的错误并解决问题。纪律处分可能起到压服的作用,但不能使之心服。因此,必须以冷处理代替热处理,耐心等待、观察一段时间,在这段时间里,给学生以自我反省,自我教育的时间,可能更能奏效。比如学生打架,如果教师立刻采用严厉批评的方式来教育的话,无异于给这些学生火上浇油。因此,不妨让学生在此时单独冷静冷静,让他们坐坐"冷板凳"。过一段时间,等打架的同学的情绪稳定下来之后,教师再来处理也为时不晚。

有一次两个争强好胜的学生,一言不合就吵起来了,老师了解情况时还互不服气。如果立即批评谁,谁都不服气,服也就是口服心不服那种状况。老师让他们先别说话,而是想自己有没有一点,哪怕是一小点不对的地方。过一段时间后,再让他们说一说,老师加以劝导,两人终于握手言欢,平静离去。

4. 浇油式代替灭火式

男孩子之间,由于性格的原因,互相打起来的事在学校中也常有。有的在打架当中,老师制止还停不下来。我就遇到过这样的事。当时,我大叫:那里有木棒,你们每人去拿一根!学生反而停下来了,可能在想叫我拿木棒干吗。我告诉他们,你们用木棒,你打我一棒,我打你一棒,多好,去不去拿?摇头,不说话。接着说:或者叫人去食堂找两把菜刀来,各人一把,你砍我,我砍你,然后不死使两人都去医院住院治疗。两人笑起来。在了解了整个事情经过后,分别针对双方所犯的错误及认错态度,力求让学生真正意识到自己打架的不良后果。这时该批评时就批评,绝不心软。

(二)批评的场合

1. 隐蔽场合

学生犯了错误,有的学生自己也不一定知道是错误的。例如随地吐痰,乱扔垃圾,在课堂上无意识地大声喧扰,影响课堂纪律等。所以当学生有了错误行为的时候,我们当老师的应该尊重学生人格,顾及脸面,不在大众面前教育学生。应叫到一边谈话,教育。在教育时要先对学生表现好的方面加以表扬,充分肯定他好的一面,然后再委婉地指出不足之处,让他意识到老师教育他是为他好,是在真心帮助他,疼爱他,让他不设心理防线,不产生敌对情绪,心诚悦服地接受教育、帮助,让他终身受益,产生良好的效果。如果老师不注意工作方法,不考虑学生的个性性格,灵活应用教育方法,很可能效果适得其反,甚至让学生背道而驰,走上极端,这将是教育的悲哀。

2. 公开场合

在班级中普遍存在的一种普遍性不良现象或学习中的不良

风气,可以公开指出,并且组织大家讨论,让正确的集体舆论代替教师单一的批评,形成正气,这样,存在不良行为的学生就在活动中惊觉,反省并悄悄地加以改正,从而消除与教师情绪上的对立,达到师生情感融洽的目的。

总之,我们的批评应该是善意的,而非恶意的;我们的批评应该是激励的,而不是打击;我们的批评应该是维护人的尊严,而不是辱没人格;是爱而不是恨。批评不但是教育人的一种手段,更是一门艺术。

第三节　主题德育的总结艺术

在国际竞争日益激烈化的今天,教育的成与败关系到国家的繁荣富强,关系到国家的未来发展。常言道:"十年树木,百年树人。"祖国要繁荣富强就必须把教育发展壮大,抓好对未成年人的教育。因为未成年人是祖国未来的建设者,是中国特色社会主义事业接班人,他们的思想道德状况如何,直接关系到中华民族的整体素质,关系到国家前途和民族命运。充分认识未成年人思想道德建设的重要性、紧迫性,加强未成年人思想道德建设具有非常重要的意义。

我们日常的教学当中,在把握好教学工作的同时,要把学生的思想道德教育工作做好,并且对学校德育中存在的问题必须要有一个充分的认识,这样才能更好地找到创新育德途径。

一、创新育德收获德育果实

(一)在德育认识上,存在着对德育的狭隘理解

一直以来,德育教育依赖于政治教育,依赖于心理教育、思想教育、道德教育等,都是建立在这些教育的基础上,一个不具有正

确的价值观和道德观念,以及世界观的人在政治方面的立场和方向都是可能导致错误的出现。另一方面,如果单一强调政治教育,势必影响德育其他部分教育的开展,从而影响学生全面素质的提高,应当将政治道德教育深入渗透德育各方面的教育中,使政治教育在德育中占据核心地位。

(二)在德育的内容和目标上,存在着"重大节,轻小德"倾向,缺乏层次性与可操作性

我们一直注重从小开始学习德育知识,却没有很好地循序渐进地发展。虽然我们从小就学习要爱祖国,讲集体主义,共产主义,在大学过程中也在不断学习爱国主义,集体主义和共产主义,注重这些的同时忽略的是一个人在面对社会教育,面对待人接物,为人处世方面的日常行为教育,如何树立正确的思想观和价值观,这都需要以最基本的养成教育为基础。德育教育的发展,往往是缺乏必要的具体行为指导的,在正确的条件引导下,使受教育者对德育目标消除距离感,更多地增强见识和能力。

(三)德育教学注重知识的传授、手段方法单一

在传统的德育教学方法上,一直采用的是灌输法,把一些相对具体固定的道德准则和美德灌输给学生,并采取不同的方式,例如训练、榜样的力量、惩罚、考试等方式加强和巩固这类方法。虽然在提高学生德育方面和道德水平上产生了一定的作用,但由于方法简单、生硬,易引起学生的逆反心理而影响教学效果。

总而言之,德育工作普遍存在"要求太高,内容太空,方法太死,实践太少,测评太虚"等弊端。为此,如何提高德育的实效性,实现"德育为首,育人为先"的目的? 要做到以下几点:

1. 以小见大,追求德育具体化

中国人一向以来注重故事育德,为了让美德故事浸润学生心灵,明理诚信的育人故事、激人奋进的励志故事、开阔视野的趣味

故事、动人心弦的感恩故事、启迪智慧的科学故事、听故事、听点评、谈感受的过程,切实提高了学生的思想道德素质,有助于学生树立正确的人生观和价值观,锻炼了学生的语言表达能力,提高了学生的心理素质。

2. 内外结合,追求德育的自主化

苏霍姆林斯基说过:"我们教育对象的心灵绝不是一块不毛之地,而是一片生长着美好思想道德萌芽的肥沃田地。"德育是触及心灵的教育,只有让学生从心灵深处受到震撼,教育才能收到良好的效果。

3. 把思想政治教育摆在首要位置

正如邓小平所说的:"毫无疑问,学校应该永远把坚定正确的政治方向放在第一位。"思想政治素质是人的最重要的素质,"没有正确的政治观点,就等于没有灵魂"。任何一个优秀人才的培养,是一个高校的职责。培养具有中国特色社会主义事业的接班人和建设者,是高校的根本首要任务。学生是否合格,主要在与高校的创办方式,大学生思想道德素质的合格是社会主义高等教育的灵魂,是社会主义办学方向的根本保证。

高校的建立应该将学生的思想政治教育与国家的长治久安和学校的生存发展联系起来。学生的思想政治教育工作是促进学生全面发展以及成长的强大精神动力,全面发展是体现在将教育渗透进学校教育的各个环节,融入大学生的日常生活中和学习习惯中去。强调德育为先、德育首位,是因为德育是方向,是保障,是影响一个人一生中的大问题。德育与知识不同,知识只是获得谋生的一种手段,而德育则是影响一个人一生价值观的取向,决定人如何活得更有意义价值。

遵循邓小平所言:"要加强各级学校的政治教育、形势教育、思想教育,包括人生观教育、道德教育。"始终坚持把学生思想政治教育工作放在各项工作的首位。认真按照《中共中央关于进一步加强和改进学校德育工作的若干意见》《公民道德建设实施纲要》和中共中央、国务院发出的《关于进一步加强和改进大学生思想政治教育的意见》的精神要求，做好一系列的有效措施，在学生思想政治教育工作上，对于内容、形式、方法、手段、机制等方面加强提高，引导学生的主动性，增强自信心，调动起学生的积极参与性，这样才能发挥学校教育的引导作用，增强大学生思想政治教育工作的成效。

4. 把社会主义核心价值体系融入高校道德教育的全过程

在社会主义核心价值观的影响下，高校的道德建设也在马克思主义指导思想领导下，在中国特色社会主义共同理想下，以及以爱国主义为核心，坚持改革开放的道路上将社会主义荣辱观融入整个德育教育学习中。在社会主义价值观的影响下，对于高校师生的世界观、人生观、价值观都产生了深刻的改变。

为了不使高校德育建设迷失，在社会主义核心价值观的引领和主导下，高校在德育建设的过程中，应当紧抓社会主义核心的根本，才能形成高校师生的共同理想，树立和谐理念，培育和谐精神，增强凝聚力；才能建立高校的良好德育风尚以及和谐的人际关系；才能在和谐的状态下，营造和谐的心态，加强并牢固高校师生的思想德育基础，才能以科学的理论武装人，以正确的舆论引导人，以高尚的精神塑造人，以优秀的作品鼓舞人。

马克思主义指导思想、中国特色社会主义共同理想、以爱国主义为核心的民族精神、以改革创新为核心的时代精神以及社会主义荣辱观这四个方面始终保持一种相互作用的关系，这四个方面构成一个有机统一的整体，是社会主义核心价值观的最重要的组成部分，是我国领导人在长期发展中不断实践并得出的结果，是对社会主义核心价值观的深刻揭示。

在新的历史时期，要按照与社会主义市场经济相适应的要求，进一步培养社会主义高校"育人为本、德育为先"的理念，是一个长期的过程，不仅要靠广泛的宣传教育，更需要全社会各方面的共同努力。只有树立了这个理念,才能指导高校道德的实践活动,摒弃各种不合时宜的陈旧观念,适应改革开放、全球一体化的社会实践,提高道德素养能力。

二、构建高校和谐的道德价值目标体系

高校道德建设直接关系到高校师生的人文生存环境,影响深远。社会道德价值的缺失会导致社会整个风气的变化,会对整个生活氛围造成危害,也会影响一代甚至几代人的道德观念,所以,社会道德的建设是关系整个社会发展的必要因素。现阶段,顺应构建和谐社会发展的要求,就是要构建和谐教育的道德价值目标体系。

和谐教育的道德价值目标体系是体现科学发展观的一种追求整体社会主义和谐教育价值观体系的,面向的是整个社会大众,注重社会与个体的协调发展,回归到“人”的教育价值观,让人们享有更高的权利、自由和发挥人的主观能动性,充分展现个人的能力以及个性方面。为了社会能够全面地发展,使每一个人都能公平地接受教育,实现以人为本,尊重人的价值,弘扬人的主体精神,以实现人的价值、丰富人的精神,提高人的生命质量,提升人的生存意义为中心,把学生的知识学习、能力发展、人格完善和精神升华有机地结合起来。

高校德育目标要有理想性的价值引导,德育教育需要通过高层次的思想观念以及道德要求,引导人们积极向上,不断进步。高校的发展需要深刻运用德育教学的实行,凝聚广大师生,使德育人本的发展进一步落实。在实践中总结、探索出一系列有效加强与改进大学德育工作的基本思路。

全面贯彻党的领导方针,始终把素质教育这一要点摆在首位,对思想德育方面进一步加强学习,在思想创新上改进德育,在建设思维上抓紧德育,在思想的开放进取上推进德育。坚持“大处着眼,基础抓起”,坚持全面发展,从各个方面展开工作,评价实

效。坚持以鲜活生动的教育活动为载体，主体参与、榜样示范、实践体验，以多样化的方式使德育贴近实际、贴近生活、贴近学生。

总结中国高校道德建设的工作实践，高校德育目标应包括以下几个方面：

第一，用中国特色社会主义理论体系教育广大师生。大力提高学生明辨是非的能力、分析和解决问题的能力，使广大师生真正弄清"什么是社会主义"和"如何建设社会主义"等问题，从而树立建设中国特色社会主义现代化的共同理想，坚定社会主义信念，增强服务社会、服务人民的自觉意识，正确识别和坚决抵制错误理论和思潮。

第二，以理想信念教育为核心，帮助学生树立正确的世界观、人生观、价值观。深入党的基本理论，了解党的发展方向，明确党的战略路线、基本纲领和基本经验教育，开展中国革命建设，吸取改革开放的历史经验，认清社会发展的现状，开展科学发展观教育，正确认识社会发展的规律，明白社会当前的处境以及认清自己在社会上的责任感。同时，积极引导学生不断追求更高的目标，使他们树立共产主义远大理想，坚决克服和抵制拜金主义、享乐主义和极端个人主义思想的影响。

第三，以基本道德规范为基础，强化社会主义道德教育，努力培养学生的道德品质和道德情操。既要重视加强道德理论的学习，又要重视文明行为的养成。坚持以全心全意为人民服务为核心，以社会公德、职业道德、家庭美德教育为着力点，从教学活动、学生生活、课外活动以及劳动实践等方面加以引导，重点加强学生的责任意识、公德意识和服务意识，努力培养学生的敬业精神、团队精神和奉献精神。

第四，以爱国主义教育为重点，深入进行弘扬和培育民族精神的教育。民族文化是一个民族的血脉，民族精神是一个民族的灵魂和脊梁，任何时候都不能丧失民族精神，不能丧失民族文化。要通过开展中华民族优良传统和中国革命传统教育，提高学生的民族自尊心和自豪感，充分认识在处理国际事务时必须坚持从国家和民族的根本利益出发。时代的发展需要将民族精神与改革创新的核心精神教育结合起来,正确引导学生培养爱国情怀,在中国特色社会主义事业发展中,不断实践,汲取并探索,创新能力,始终保持艰苦奋斗的作风和昂扬向上的精神状态。

三、建立和完善高校道德良性循环发展的长效机制

近些年,高校道德建设由于单纯追求升学率或就业率的教育目标而在某些领导和老师心目中可有可无,这种情况的出现,一是在认识上不够重视;二是缺乏高校道德良性发展的长效机制。加强长效机制建设,是加强和改进高校道德建设的制度保障。这种长效机制主要由导向机制、创新机制、评价机制、激励机制、监控机制、保障机制等这几个子系统组成。通过发挥它们的功能和作用,才能促进扶正祛邪、扬善惩恶的社会风气的形成、巩固和发展,才能确保高校德育工作的健康发展。

（一）导向机制

高校在进行道德建设时必须注意运用启发、动员、教育和监督等方式,把人们的思想和行为引导到符合社会发展要求上来。在客观评价教育系统道德状况的基础上,把师生拥护不拥护、赞成不赞成、高兴不高兴、答应不答应作为重要依据,把基本道德观念的要求融于高校的校纪、校规和各项具体政策与制度之中,使应当做什么、不应当做什么,与允许做什么、不允许做什么有机地统一起来,制定高校德育建设的导向机制。

学校的德育大纲是统领和指导学校德育工作的纲领性文件,对学校德育工作的计划、任务、要求、实施做出了明确具体的规定。引导师生自觉进行道德修养,尤其要采取措施避免有德者吃亏现象的发生。采用公约、规矩等形式把德育要求制度化、具体化为大学生的学习、生活准则,使他们在日常生活和工作实践中不断熏陶道德情感,丰富精神世界,升华道德境界。

建立师生思想道德考核、奖惩和定期表彰制度,把师生的思想道德建设纳入高校文明创建工作之中。从教学目标、教育内容、教育形式、教育渠道上制订详细的规划,把教师思想道德建设贯穿于各项工作的全过程,形成一套完整、稳定、科学、高效的教师思想道德建设的新机制。进一步落实学校党委统一领导、主管校领导负责,学校宣传、教务、科研和财务等部门相互配合,思想政治理论课教学单位贯彻落实的领导体制和工作体制。

建立道德基本建设经费,并随着学校经费的增长逐年增长。在具体实践中引导大学生养成自觉按社会利益要求和道德规范调整自身的行为习惯,实现他律和自律的统一,使之成为有理想、有道德、有文化、有纪律的社会主义合格建设者和可靠接班人。

（二）创新机制

改革开放 30 年来的历史和实践证明,高校道德建设取得重大成就,正是得益于高校思想政治教育工作自身的不断创新。高校道德建设要以创新为先导,要求高校思想政治教育的全部理论和实践工作都能体现时代性,把握规律性,富于创造性。只有不断创新,才能切实增强大学生思想政治教育的吸引力、感染力;只有不断创新,才能适应社会的发展,不断在思想道德方面工作中进行改正,探索新的办法,总结新的经验。只有在发展的道路上不断进行大胆探索,用于创新,思想观念、内容、方法和模式才能不断体现新的一面。对全局性、战略性、前瞻性的重大课题做出科学的理论回答和实践探索,才能为社会主义培养新的合格的人才提供强大的精神动力和思想保证。

（三）评估机制

评估机制具有对道德行为进行定性、定量分析的功能,它将思想道德要求纳入学习、科研、活动和管理评估诸体系当中,在各单项评价中体现思想水平、道德水平要求。对高校师生培养起着极为重要的指挥棒和调节器作用。由于目前高校在德育方面的教育还比较欠缺,所以建立比较完善的师德评价机制是十分有必要的。这样预防在高校出现师德不合格的教师,但大多数高校还是只注重形式,实践上还是比较欠缺,都在讲服从、讲奉献等大道理,不能适应高校的快速发展。

当前高校开展师生道德评价要重点解决好三个问题:

一是师德评价标准。评价标准要充分反映时代的差异性。在当前社会的发展下,道德观念会出现不同的反映,这是一种不正常的现象。为了利于社会的发展,学生的有效进步,高校在教师评价方面不能搞多元化标准,只有坚持共同性与差异性相结合的原则来评价教师职业道德,才既有利于教师个体的充分发展,也有利于学生德育知识的提高。

二是师德评价方式。评价方式要切实可行,有的放矢,不可犯笼统、大而化之的旧病,要采取多种多样的形式来确保评价方式的完善。既要讲理想又要讲现实;既要讲权利又要讲义务;既要讲社会道德,又要讲学术道德;我们既要重视道德评价,又不能简单进行道德评价。高校这些年来师德建设问题日益凸显,原因是多方面的,其中确实有客观原因,但也有教师的心理因素在起作用:在任务太重的情况下,其心理就可能扭曲,不得不采取自我防护机制,以免“全线溃退”。有时也是一种万不得已的选择。在不可能做好全部工作的情况下,只好重科研而放弃教学,重视课堂讲课而放弃关心学生的全面发展,或重视管理学生而放弃科研等,各种情况都是因人而异的,但许多问题的实质是教师心理疲惫。

三是师德评价结果的反馈与落实。这三个问题解决好了,既能引导教师的职业道德行为,又能强化提高道德素质的导向作用,促使师德建设。建立评估机制,把思想政治理论课作为对高校办学质量和水平评估考核的重要指标,作为评估和衡量学校以及领导班子工作的重要指标,纳入高校党的建设、教育教学和领导班子评估体系,以评促建、以评促改。

考评方式:强调个性化和科学性。在思想政治理论课中对大学生人生价值观进行考评,强调个性化和科学性。个性化的考评机制,是从大学生的思想政治方面进行出发,是从大学生的思想特点和个性特点当中进行有针对性的教育与评价。为大学生制定出从入学到毕业的总体性目标,既确立价值观教育的总体评价目标,又能对大学生的学习生活方面的每一个阶段进行重点分析评价。不光是要体现个性化,又要有科学性的依据,综合运用各种评价方式,做到形成性评价和终结性评价相结合,动态评价与静态评价相结合,定性评价与定量评价相结合,教师评价与自我评价、相互评价相结合,最大限度地做到这种评价的严密性、客观性以及准确性。加大对不诚实的惩罚力度,这是诚信制度振兴的关键和强有力的手段,会起到良好的导向作用。

(四)激励机制

激励机制是增强高校道德建设的重要手段。具有依据对道德行为的正确评价,以制度的方式,给履行道德义务者更多的尊重、爱护、荣誉和报偿,给道德失当行为以必要惩罚,一句话,就是对在道德行为方面表现出色者要加大宣传力度和奖励力度,对一些非道德行为给予通报批评、曝光,行政处分等相应的处罚,通过惩处、鞭打后进,产生警示作用。如果在高校道德建设中,缺乏道德教化的激励机制,很容易走入形式化的误区。

首先,建立激励机制,确立一个激励机制的目的是激励教师完善自己的师德,在这种机制上制定一种标准,对于师德良好的教师给予奖励,对于师德欠缺的教师不予奖励,什么情况下给予得多,什么情况下给予得少,都需要制定一个标准。采取优惠政策和表彰奖励等有力措施,让高水平的教师愿意来,留得住。

其次,激励手段的多样性。根据情况的发展而定,可以是精神方面的奖励,也可以是物质激励,通过多种方式进行表扬激励教师提高自身的师德水平。如北京大学每两年举行一次师德表彰活动,设师德最高奖"蔡元培"奖,并在一年一度的教学优秀奖,两年一度的优秀科研成果奖,四年一度的优秀教学成果奖的评选中充分考虑师德因素。有的高校为了激励全校教职员工积极参与到学生思想政治工作中来,在教职工中开展"优秀党务工作者""优秀党员""先进个人""优秀辅导员""五好家庭"等评选,在学生中开展"校园之星""三好学生""优秀学生干部""优秀团干部""优秀班级""优秀团支部""优秀社团""社会实践先进集体""先进个人"等评选。

(五)监督机制

监督机制是预防和遏制非道德行为发生的关键。道德依靠的是人们的自觉,但当人们的诚信意识还比较薄弱的时候,仅靠自律是远远不够的,必须依靠他律,这就需要监督机制。监督的一个重要特点,就是具有强制作用。监督机制一经实施,对每个人都产生强制性、约束力,并有一定的机构保证其实行。这种强制作用是道德教育所不能替代的。长期以来,我们对监督机制重视不够,更多地强调思想教育和思想改造,虽然两者都很重要,但却有着明显的局限。今后,要根据高校道德规范的总体要求和具体的行为规范,建立由社会、高校等渠道构织的监督机制,要把学校监督、家庭监督、社会监督和大学生自我监督结合起来,使之互为补充,密切配合。对师生的职业行为进行监督,形成外部压力,促进师德建设。要建立健全有效的监督机制,尤其是舆论监督。它能够有效地行使对每个人的公共监督职能。舆论监督权是一种普遍的、平等的民主监督权利,也是公民的一项基本权利。高校只有真正建立起完善的舆论监督体系,不道德现象才能得到有效的遏制。

(六)保障机制

当前,为了结合高校教育改革,加强改进高校道德建设的新形势,学校领导方面应当实行新的改革方式。需要学校各个部门之间的相互配合,思想政治理论课教学单位贯彻落实的领导体制和工作机制;建立健全有效的保障机制,确保学生道德教育的基本建设经费。此外,还要建立健全校外的有效社会支持机制,争取宣传、文艺、广播、影视、新闻、工商等部门的关心和支持,做到学校教育、家庭教育、社会教育和大学生的自我教育互为补充,密切配合。

总之,加强高校道德建设,需要从根本上建立和完善与高校道德建设基本要求相适应的道德评价、奖惩和监督机制,建立健全道德良性循环发展的长效机制,要坚持标本兼治,既要立足教育,提高高校师生的道德素质和道德自律能力,只要加强内部机制建设,组织、协调多方面的力量,广泛深入地进行调查研究,形成践行社会主义道德观的长效机制。

四、培养学术大师

大学需要大楼,更需要大师。大师,是在重大领域掌握大量资料、有系统理论,从而在国内外有重大影响的学家。学术大师的学术成果和思想、行为以及强大的科研实力集中体现了现代大学的精神风貌。目前许多高校缺乏大师级学者,知名的学者屈指可数。中国教育投资已经很大,人也不少,师生比起民国时期多了几百倍。但是,现在基本没有民国时期那些大师,像钱学森这样的科学家、梅兰芳这样的演员等。这不禁让人想起了著名的"钱学森之问"——"为什么我们的学校总是培养不出杰出人才?"这是钱学森老人生前在病榻上向前来探望的温总理提出的一个问题。这看似简单的疑问,却是一个刻骨铭心的待解难题。尽管我们的学生也是很优秀的,他们在各种国际比赛当中经常名列前茅,许多留学生的学业成绩让老外刮目相看,高校也培养了一大批学有专攻的人才,但鲜有像钱学森、钱三强这样的世界一流人才。问题出在哪里?一个重要原因是没有一所大学能够按照培养科学技术发明创造人才的模式去办学,没有自己独特的创新的东西,既有教育体制机制的制约,也有整个社会大环境的影响。这是很大的问题。如何培养中国大学自己的学术大师呢?

培养独立思考的能力和敢于批判的精神。只有具有自己独到的见解和思考能力，不断开放自己的思想方式，才能在发展创新道路上有所成绩。在发现的道路上，要打破常规，有自己独到的见解，例如发明实现"汉字激光照排技术"的王选，利用他的数学背景，用一种信息压缩的办法、用一种轮廓的描述、一种特征的概括来减少巨大的信息量，终于实现汉字激光照排，成为新时代的毕昇。正是打破了前人的理论，突破遗传学的禁区，袁隆平提出了水稻杂交技术新理论，使水稻突破了原有的产量，整体增产了 20％，给社会带来了巨大的经济效益。

而今存在的弊端是，越来越多的大学生缺乏自我独立思考的能力以及敢于批判的精神。一切都是参照书本上的知识，一切指示都是听从老师的传授，完全丧失了自我的判断能力，这是在创新道路上的一大弊端。为了使大学生建立起自己的观点论，养成独立思考的习惯，不再依附书本教条上的观点，敢于同权威人士进行平等的学术交流，让个性充满整个创新之中，使创新人才脱颖而出。人文的包容与学术的批判是形成大学创新文化的前提。

第二，创办中国自己的特色大学。我们国家的大学总体包括这几种类型：科研型大学、教学型大学、教学科研型大学，而教学科研型大学在追赶科研型大学，教学型大学又在追赶教学科研型大学，以致很多大学无法形成自己的特色。特色是大师产生的温床。没有自己独特的创新的东西，是培养不出自己的大师的。

作为高校，自己要有独特的创新的东西，少些意气虚名之争，多些踏实育人之举。真正意义上的一流大学都是在文化和精神上成长起来的。因此，在创建一流大学过程中，弥补大学文化和精神的缺失是我们中国大学当前面临的主要问题。

高校思想道德建设承载着当代中国构建社会主义和谐社会的重任，是繁荣哲学社会科学、彰显社会主义核心价值体系的重要手段。改革开放后，高校道德建设提到了国家的议事日程上来，它作为一种主流意识形态的构建，对整个社会发挥着重要的引领、示范和辐射作用，取得了长足的发展，成为国家文化软实力建设系统工程中的一个重要子系统。我们应立足于高校道德建设的实践,以马克思主义理论为指导,采用历史学方法,遵循从理论到实践的研究模式,对新中国六十年来的高校道德建设的发展轨迹、政策设计、人文环境、现状问题以及路径选择进行阐释,对高校教师、学生做个案解剖和量化分析,尝试着为当代中国高校道德建设提供一种可能的新思路,进而推动当代高校道德教育理论和实践的进一步发展。

第四章　大学生德育主题活动的内容探究

内容是开展大学生德育活动的一个重要主体,也是大学生德育的闪光点。在这个方面,广大大学德育教师应该积极进行材料组织,按照大学生对于知识的接受顺序开展德育主题教学。本书举了四个方面的例子,对于大学生德育主题内容的组织问题进行了回答。德育教师可以适当进行参考。

第一节　爱国篇——国家是青春成长的沃土

人都有一个国家,这是他成为一个社会动物的前提。青春岁月里,大学生要认识到自己的国家,认识自己在国家发展之中的具体作用。国家是青春能够成长的沃土。作为一名青年,要时刻谨记,国家对自己的意义。热爱她,奉献她,为她的建设做出自己最大程度的贡献。

一、爱国主义的内涵

列宁曾经对爱国下过一个定义,大体上是说,爱国是一种千百年来传承下的情感,要求她的国民为国家的持续存在和发展付出自己最大程度的努力。现实生活中,人们常常把国家比喻成为自己的"母亲",说明国家对自己的养育之情,说明国家像母亲一样可亲、可爱、可敬,值得我们为她付出生命。实际上国家的意义也正是像母亲一样,她建设经济养育我们,构筑国防保护我们,发展文化娱乐我们,除了父亲母亲之外,还有谁能做到呢? 不论在一种什么样的文明里,国家始终都是这个文明群体共同的爱。

（一）爱国是人类文明的共通之处

爱国是人类社会发展到一定阶段的产物,伴随着国家的诞生而诞生,随着人类的消亡而消亡。远古社会中,人们的生产力低下,虽然时常遭受野兽的侵袭,但是人们通过一个族群就能保护自己。随着人们生产力的提高,生活资料有了可靠的来源,私有制就产生了,一个个族群开始宣布某种东西为自己所有。人们开始划地而居的生活。对于人类的生活而言,这无疑是一种进步。也是伴随着私有制的产生,国家开始诞生了。国家诞生之后,人们在一个地方生活久了,便产生了对那里的一山一水、一草一木的强烈眷恋之情。这种情感就是爱国主义的萌芽。

随着国家的发展,这种感情也在不断发展。人们将这种乡土感情逐渐上升成为对国家和民族的关心与热爱,继而成为维护国家利益和尊严而不惜牺牲一切的价值观念和道德准则。爱国主义就彻底形成了。千百年来,人类社会产生了太多的爱国主义故事。"无论在哪一个国家,都有一种普遍的现象,这就是'爱国英雄人人爱,卖国贼人人恨'。"[①]

（二）爱国是华夏文明的永恒主题

爱国主义对于诞生在东方的华夏文明来说也是一个重要的主题。在中华文明五千多年的历史积淀之中,爱国主义已经形成一种"最深厚"的感情。在当代中国看来,这种感情已经演化成为一种文化传统和普遍的社会心理,成为中国社会发展的重要价值规范。

1. 爱国主义是中华民族伟大的凝聚力

回顾中华民族漫长的历程,就会发现一个异常显著的历史特征,中国社会呈现出一个分久必合合久必分的发展特点。从时间

① 本书编写组．树立社会主义荣辱观教育读本[M]．北京:红旗出版社,2006,第56页．

上看,分裂的时间远远少于统一的时间。统一在中国社会中才是主流,是社会发展的大趋势。中国人民渴望中国社会的和平与发展。无论是在哪一个时期,中华儿女都坚持发扬前赴后继、团结奋斗和自强不息的精神,把伟大的爱国主义精神演绎得淋漓尽致。正是从这个意义上,爱国主义是中华民族最伟大的凝聚力。

2. 爱国主义是高尚人格的具体体现

中国人在感情上历来把国家和民族的利益放在至高无上的地位。当国家和民族处于危难关头的时候,爱不爱国、能否坚持和国家民族同荣辱、共患难,就成了衡量一个人人格高下的重要标准。历史上,中国有很多故事都说明了这一点。西汉时期,苏武面临再多的折磨,也绝不示弱,绝不凌辱国家的尊严。他威武不屈、贫贱不移,始终不渝地忠于大汉王朝,保持了自己的节操与人格。历史上还有"深固难移,更壹志兮"的屈原,"中流击楫"、矢志北伐的祖逖,"精忠报国"的民族英雄岳飞,"留取丹心照汗青"的文天祥,他们的思想和行为像日月经天,江河行地,流芳千古,成为我们后人学习的榜样。

3. 爱国主义必须坚持与时俱进

爱国主义是一个动态的概念,在不同的历史发展阶段应表现出不同的内容和表现。毛泽东曾讲"爱国主义的具体内容,看在什么样的历史条件下来决定"。[①]　在当下,爱国主义必须做到四个方面的坚持:

(1)爱国必须坚持走中国特色社会主义道路

当代中国,爱国主义是和社会主义统一的。只有坚持走社会主义道路,中国才会有光明的前途。这一点历史已经证明。我们要建设一个繁荣昌盛的中国,必须坚持走社会主义道路。习近平总书记指出,"祖国的命运和党的命运、社会主义的命运是密不可

---

① 张光兴.大学生思想道德修养[M].北京:科学出版社,2005年,第159页.

分的。只有坚持爱国和爱党、爱社会主义相统一,爱国主义才是鲜活的、真实的。"[①]

(2)热爱祖国必须坚持继续解放思想、改革开放

在社会主义建设的和平时期,热爱祖国就是要加强社会主义建设,完善社会主义建设规律。而在当前社会发展之中,加强社会主义建设的根本目标就要解放思想,唯有解放思想不断创新,我国社会主义建设事业才能不断取得新的胜利。在新的历史条件下,一个真正的爱国主义者必须坚持继续解放思想、改革开放,从思想观念上破除一切障碍,立足本国、面向世界、大胆探索、改革创新,使中国的现代化建立在吸收和利用世界一切先进文明成果的基础之上。

(3)热爱祖国必须坚持热爱中国共产党

爱国并不是一个抽象的概念,包含了丰富的内容。我国是一个工人阶级领导的、以工农联盟为基础的人民民主专政的社会主义国家。热爱祖国、热爱中国共产党、热爱中国特色社会主义制度是"三位一体"的。中国共产党是中国社会建设的主要领导者。是党的工作不断带领中国社会走向了富强。诚然,中国共产党在工作中也有过过失,但是工作成绩仍然是主要的。在新时期以来,党不断加强自律,坚持进行自身建设,推动党的建设进入一个新的高度。最近党惩治腐败的力度也显示了党在这方面的决心。

(4)热爱祖国必须坚持维护国家安全与领土完整

当前无论是在国内还是国际,有一些反华、仇华的敌对势力在对我们国家进行蓄意干扰和破坏。针对这一现象,广大中国人必须擦亮眼睛,提高自身的认识,看清楚这些势力的险恶用心。每一个有爱国心的人都要保持高度警惕,立场坚定地反对各种危害国家安全的行径,永远把国家安全与领土完整作为压倒一切的头等大事,并时刻准备着为保卫祖国安全而奉献自己的一切,乃至生命。

---

① 刘建军.主题·本质·特征——学习习近平总书记关于爱国主义的重要论述[N].光明日报,2016—6—15.

二、新时期爱国主义的根本任务

在社会和平发展时期，中国社会建设的根本任务就是建设一个民主、富强、文明的社会主义现代化国家。中国人民必须围绕这一根本任务加强爱国主义教育。

（一）培养民族意识，增强国家观念

和平和发展是当今国际社会的两个重要主题。生产贸易、资本人才流动的全球化社会，已经使国与国的界限逐渐打破，使得各国间的经贸活动越来越多。在这种情况下，人们的全球意识逐渐增强，淡化了国家和民族意识。抓住机遇、趋利避害、加快发展，捍卫国家主权和利益，实现中华民族伟大复兴，是当代爱国主义的时代要求。

经济全球化为发展中国家的发展带来了一定的条件和契机，也为西方发达国家通过多种渠道对发展中国家进行干预带来了一定的条件。发展中国家对此要保持一定的警示态度。对于那些民族国家意识"过时论""主权淡化论"，打着"人权"旗号进行人权外交的论调要保持警惕。

经济全球化过程中，民族国家的界限并没有消亡，反而在一定范围、一定程度上更加突出。一个国家只有坚持自己的主权与利益，才能在经济全球化进程中推动本国经济发展，最终摆脱依附和落后的境遇。

随着我国信息技术的发展，国家安全不仅仅是国家版图完整和不受侵犯，还包括了社会安全、经济安全、科技安全等。作为一名青年，爱国就要维护国家主权和根本利益，警惕意识形态领域的"病毒""精神鸦片"侵蚀。大学生在学习和生活中要保持清醒的政治头脑和坚定的原则立场，自觉维护国家利益和民族安全。

（二）实现中华民族伟大复兴的中国梦

当前的国际社会与经济发展形势，为我国赢得了难得的社会发展机遇期。在这期间,我国社会发展的一个主要目的就是实现中华民族伟大复兴的中国梦。

中国梦是我国社会发展方向的集中表述,是一个国家的梦,同时也是亿万中华儿女的梦。在社会实践中,这个梦就是要实现中国社会的不断发展。在近期,这个梦就表现为全面建成小康社会的伟大战略目标。作为大学生,要有自己的梦,要能够用自己的实际行动实现自己的梦。作为一个爱国的大学生,会主动把自己的梦同中华民族伟大复兴的梦联系起来,用小我成就大我。

三、大学生要做一名坚定的爱国者

进入21世纪,中国社会面临着新的问题和新的形势,机遇与挑战并存。我们不能忘却民族的历史,要在中国国情的基础上,为实现中华民族的伟大复兴,发愤图强,做一名坚定的爱国者。

(一)育爱国之情

爱国之情是一种深厚的情感,同时也是一种巨大的社会责任。在当代中国,爱国之情以"知我中华,爱我中华,兴我中华"的深刻认识为基础。老一代革命志士,年轻时就以天下为己任,孜孜不倦寻求救国真理。爱国主义的感情得以形成与巩固。当代大学生要循着这股感情,认识到中国社会发展的现实,以祖国和人民的利益为基础,摆正自己与祖国人民的关系,同时也要用自己的赤子之心关心祖国的前途与命运,用满腔的爱国热情和聪明才智为祖国服务,用强烈的民族自尊心和自信心实现振兴中华的夙愿。

(二)立报国之志

爱国就首先要将自己的爱国之情化为对祖国前途与命运的担忧,树立爱国报国之志,为中华民族伟大复兴的中国梦而努力奋斗。青年大学生要树立一定的忧患意识,增强历史责任感和使命感,将自己的志向和中华民族伟大复兴的中国梦结合在一起,共同推进我国伟大战略目标的完成。

在当前社会发展中,爱国更多体现在自己如何为社会发展做贡献的过程之中。这个过程在很多情况下都表现为如何处理我们身边的一些小事上。爱国之志就是要和这些小事结合起来才有实际意义。这些事情很多时候看起来平淡无奇,不具有远大志向的特征。但也正是日常生活中这些小事才是最持久和最耐人寻味的爱国主义表现。爱国之志通过这些小事才能表现得更加有意义。

（三）成建国之才

当前我国逐渐进入构建社会主义和谐社会的新历史时期。和谐社会的构建正是经济发展和社会稳定的重要保障。和谐稳定符合国家、民族的长远利益与根本利益。公民在社会建设中有促进和稳定和谐社会大局的责任。作为大学生来说,这份责任就表现为成建国之才。

大学生现在是和谐社会的受益者。在这个稳定的社会环境中,大学生才能安安心心地学习。而未来,大学生则是和谐社会的建设者。建设和谐社会,大学生必须具有足够的才能,把自己的能力转化成建设社会的重要行动。因此,大学生必须要掌握足够的专业知识,转化成为自己为社会建设的能力。

不仅要掌握专业知识,大学生还要把握正确的政治方向。大学生要有正确的政治方向、思想观念和坚定的爱国信念。在这种正确的政治方向之下,建国之才才能转化成为爱国之行,才能用在正确的地方,才能为社会发展做出有益的贡献。

（四）履效国之行

履效国之行体现在积极地投身于社会主义现代化建设实践中,不仅要有健康的精神状态,还要有高尚的民族气节。只有经济大大发展了,经济实力和综合国力大大增强了,中国人才会有真正的尊严,中华民族才能长治久安,在国际上说话才有分量,支持我们的朋友才会更多,才能为世界和平与共同发展做出应有的贡献。

效国之行主要体现在工作学习生活当中,体现在不断创造社会价值当中,体现在各种具体细小的事务当中;效国之行必须从我做起,从现在做起,从实际做起,从点点滴滴小事做起,以集体为先,以优异绩效和实际行动成为德、智、体、美全面发展的四有新人,成为自觉坚定的社会主义爱国者,成为党和人民期望的新战士。

大学生要实现这一切就要依赖主动自觉的纪律约束,平时养成良好的求学习惯,不迟到、不旷课、不早退,从自我学业的实际出发,凭借坚强的意志和顽强的毅力,努力掌握大学的学习方法和思维方法,为报效祖国夯实思想理论基础和业务技能基础,将学习与爱国融为一体,不辜负祖国、学校和父母的殷切希望,以优异成绩报效祖国和人民,肩负起新时期建设民主、富强、文明的社会主义现代化强国的大任,早日成为国家建设的栋梁之材,履尽效国之行,做新时期坚定的爱国者。

第二节　生命篇——绽放青春的生命之花

生命是什么?这个问题有一定的哲学意味,也是青年大学生必须要面对的。对于生命,大学生需要牢记两个方面的内容,第一,珍爱自己的生命,为了他人;第二,珍爱他人的生命,为了自己。因为人的关系是相互的,这种相互的关系之中,人们的生命才有真正的意义。

一、生命教育的内涵

生命教育的立论根基是对生命的阐释。日常生活中,人们都在讨论生命,例如生命价值、生命意义、艺术生命、职业生命等。

尽管谁都在用它,但不同的人赋予它的内涵和外延却有很大差异。文学家认为生命就是性命、活命;生理学家认为生命具备心脏跳动、会呼吸、大脑仍然有活动等条件。法律学家认为生命是指法律主体始于出生、终于死亡的整个过程。医学家则认为对生命的界定是活着的状态,具有新陈代谢、生长、繁衍以及对环境的适应所表现出来的特征。对生命的理解如此之多,似乎可以断定,有多少门学科,就有多少种生命的定义,甚至毫不夸张地说,有多少人研究生命,就有多少种生命的定义。

人们没有对生命的定义达成共识,反而随着哲学和科学的深入发展,生命的定义愈益繁多。生命也几乎成了钱钟书所说的"你不说我还清楚,你越说我越糊涂"的那类概念。这一方面说明人们对生命内涵的认识与研究尚在不断深入,另一个重要的原因则是人类的生命现象本身的涵盖太广,它似乎无所不在,无穷无尽。

然而,这又是生命教育绕不过的。无论如何,笔者必须对本文中的生命做一界定,至少是做一描述。从思想政治教育的角度入手,生命的界定应限定在"人的生命"这一范畴之内。本书认为人的生命是自身繁殖、生长发育、新陈代谢与环境进行物质和能量交换,遗传变异以及对刺激的反应等的复合现象。它兼具自然属性和社会属性,是"自在生命"与"自为生命"的统一体,是自然生命和价值生命的统一体,力求在生存与意义之间寻找平衡,以组成人的完满生命。

生命包括生与死,人们看待生命的正确途径即是从死亡中寻找生命的真正意义。生与死是生命不可或缺的组成部分,缺少任何一方的生命都是不完整的。对于大学生而言,他们只有准确理解生和死,才能正确看待生命,进而促进他们热爱自己的生命。

二、生命教育的内容

生命教育的内容包括三个方面:生命知识、生命关系以及生命价值的教育,下面进行详细了解。

（一）生命知识的教育

生命知识方面的教育是所有生命教育研究者不可回避的一个问题,因为这是构建生命教育内容的基础。没有对生命的认知,就无法探讨生命的关系与价值。

1. 自然生命之认知——珍惜生命

生命的存在是大自然带来的一个奇迹,它拥有着无穷的神秘与神奇。随着现代生命科学、医学的发展,研究人员通过科学手段对生命进行研究,所得出的结果令人更加惊叹。生命教育主要是引导人们从生理学、心理学、社会学等多个方面来了解生命的独特与宝贵,然后懂得珍惜生命。珍惜生命这一原则不仅仅只针对人类这一群体而言,而应该适用于所有生命。人类作为世界上最聪明的种群,应该做到敬畏和爱惜所有生命体。

2. 生存知识的教育——保护生命

近年来,社会上非正常死亡的人数越来越多,这引起了人们对生命教育的探索,其中很多人认为生命教育就是生命安全方面的教育。事实上,这种观点是不正确的,生命安全教育只是生命教育的部分内容,二者之间不能画等号。生命安全教育包括两个方面:自身生命安全保护和他人生命安全救援,其中涉及自杀预防、灾难救助、消防安全、远离伤害等内容。

生命具有价值的前提是生命本身是存在的,如果生命终止了,也就意味着与该生命相关的一切都随之结束。因此,大学生生命教育的第一点就是应引导他们关注自身的生命安全。第二点,大学生应该在保证自身安全的前提下,对处于困境中的他人施以援手。然而,在当前通信信息高度发达的社会中,网络、手机、影视、报刊等传播媒介无不充斥着血腥与暴力,这大大减弱了大学生对生命的珍惜、怜悯观念,严重的还会引起他们的争相模仿,深深地影响了大学生的心理健康。因此,对网络等传播媒介开展净化工作迫在眉睫,这对于促进大学生生命教育具有重大意义。

3. 死亡教育——热爱生命

没有什么比死更让人留恋生的感觉,也没有什么比死更让人懂得珍惜生的存在。人类中的每一个人都难以逃脱死亡的宿命,向死而生便成为历代人们热爱生命的理智观念。因此,生命教育最不能回避的就是死亡教育。大学生生命教育要注重引导他们热爱生命,具体可注意以下三个方面:

(1)引导大学生正确认识死亡。

(2)有条件的高校可以令学生体验死亡,从而产生更真切的感受。

(3)让学生们树立超越死亡的意识,不要惧怕死亡。

4. 性教育——延续生命

"性"在我国一直是一个即古老又常新的敏感话题,物种的繁衍、生命的传递都依赖着"性"。它本就是人类的一种自然生命活动,因而人们经常会将"性"与"命"联系在一起,即"性命"。然而,人们对"性"的认识不正确,实践不科学,进而导致人的生命面临各种伤害甚至是道德的质问。

对于我国大学生而言,"性"不仅是生理、心理方面的问题,更是一种社会、道德问题,其对人的生命质量有潜在的重大影响。但不得不说的是,我国在"性"教育方面几乎是一片空白,大学生在这方面的自我学习往往会产生很多错误的观念与看法。因此,生命教育中必须重视对"性"知识的普及,不能回避这一问题。生命教育应积极引导大学生正确认识性与命的关系,在了解"性"知识的过程中理性面对自己的困惑。总之,生命教育要将与"性"相关的知识、道德、生理、健康等内容与精神文明建设紧密结合,使大学生正确理解性心理差异,理性处理两性、婚姻、家庭等关系。

（二）生命关系的教育

通过上文可知，生命知识方面的教育针对的主要是生命的自然性，而生命关系的教育则主要针对的是生命的社会性。马克思曾经说过，"人的本质是一切社会关系的总和。"生命的社会性与自然性一样都是人所固有的，因此人是一种社会性存在。

1. 加深生命之认知——皈依生命

社会中的各种不同关系网就是由一个个的生命相互连接所构成的，如家庭、公司、社会、国家等。个体生命只有与这个网络紧密结合，将自己的生命向这个网络开放，与关系网中的生命进行沟通、交流，才能在他人的帮助与支持下提升自己的生命价值，才能获得依存感、安全感与归属感等。生命的关系网连接的是生命对生命的尊重、需要、责任，因此，生命关系方面的教育要让大学生理解个体生命与他人、家庭、国家之间的双向权利与义务，在为他人、社会、国家做出贡献的过程中提升自己生命的价值，同时也为自己的生命找到得以寄托的精神家园。

2. 培育生命情感——关爱生命

上文提到，个体生命在与他人所构成的生命网络中获得一定发展，也就是说，生命之间进行交往所依靠的方式是生命与生命的交往。换言之，个体生命交往、教育的对象是生命而不是物化的、没有生命与情感的物或者工具。然而，以前个体生命进行交往的方式是"人—人"，但当今社会受工具理性、物质主义支配下的人际交往方式则成了"人—物—人"。个体生命与他人在通过这一方式进行交往的过程中缺乏真诚的交流，使人的心灵产生孤独感。在教育领域，这种交流方式所体现出的是"无人或非人的教育"。

从本质上而言，生命教育是通过生命与生命直接联系的方式所进行的教育，即生命之间彼此温暖、呵护、撞击、滋润、灿烂。由此可知,生命教育必然会重视教育主题与教育对象的生命感受与情感方面的体验,呵护生命的健康成长,体现出教育的人文色彩。

（三）生命价值的教育

生命价值方面的教育指的是引导个体正确认识生命的意义与价值,进而超越自己的人生。这部分是生命教育体系中的核心部分,其首先需要建立在对生命内在价值的剖析上。

第一,生命存在的价值。作为一种特殊的存在方式,人的生命本身就具有一定的价值,这种价值也是人的最基本价值。个体只有尊重他人生命存在的价值,才能更好地尊重与承认他人的其他价值。在一定程度上可以认为,肯定人的生命存在价值与肯定人的基本人格价值是等同的。

第二,生命延续的价值。生命的延续指的是个体自然生命的持续存在,是个体自身生命的生产与再生产。生命延续的价值与生命存在的价值是不同的,其不仅与个体生命的长短有关,更与个体在生命持续过程中所创造的价值有密切关系,个体的劳动或创造价值是通过生命延续的价值体现出来的。

1. 生命本质观教育——成就生命

有限性、主体性、独特性、创造性、价值性等都是个体生命的内在本质,这决定了个体生命是自在、自由、自为的。可以说,实现生命的本质是人类一切活动的目的,唯如此才能使生命成为它本身,而不是成为其他工具或毫无价值的东西。人类的社会实践活动一旦凌驾于生命之上甚至以戕害生命为代价,也就背离了人的本质追求而失去了意义。因此,生命价值的教育首先要明确生命的本质,以万变不离其宗的理念来引导各种各样的生命活动,从而保证人类的生命活动始终体现出"人本"的精神。

2. 生命权利观教育——尊重生命

任何生命都具有生存权,这是由生命存在与延续的价值所决定的。生存权具有平等性,地球上的任何一类物种都没有权利去剥夺其他物种的生存权。人类是世界上唯一可以保持理性的物种,这是大自然的一种恩赐。这要求人类既要有善良的情感,更要有公正的权利,用平等心态对待人类社会与自然界,尊重组成整个人类生存环境的其他物种。因此,生命价值的教育要引导个体正确认识人存在的意义,尊重自己、他人以及其他物种的生命。

3. 生命尊严观教育——敬畏生命

对于世界上的每一个人来说,由于生命是唯一的,因而是个人最宝贵的,所以任何人的生命都具有不可侵犯的神圣尊严。个人的生命只有被尊重,才能彰显出生命本身的美好。生命具有神圣性,这种性质不会因为个体个性化的生活方式而被消解。因此,生命尊严观教育主要是引导人们对生命采取一种敬畏态度,这不仅包括自己的生命,也包括他人的生命,更包括自然界中的一切生命群体。只有注意维护生命所具有的尊严,个人才能体验到自己以及他人生命存在的重大意义。也只有对生命怀有深深的敬畏感,人们才能在心中产生一种道德上的信念。

4. 生命道德观教育——升华生命

道德性是人的基本属性,同样也是生命的基本属性。道德的普遍存在可以充实生命,使生命本身获得更大的存在意义。因此,生命道德观教育必然会得到人们的高度重视。对人们生命道德观的教育有利于提高个人的社会化程度,引导人们去追求理想的境界与生活方式,进而超越、提升个体生命所需要实现的存在意义。

5. 生命价值观教育——超越生命

生命价值观方面的教育主要体现在以下两个方面:

(1)生命价值观教育要激发个体生命的自我与超越意识,启发人们探索生命的意义、追求人生理想,从自然、政治、功利等方面向伦理、艺术、宗教方面的进行有效提升。

（2）生命价值观教育要引导人们批判、反思现实世界的规定性，积极构建自身的生活方式，从现实活中提升生命所具有的价值，进而超越现实，实现人生的价值。

三、大学生生命教育的目标

（一）大学生要珍爱生命

珍爱生命是生命教育的起点。只有珍爱生命，大学生才能真正重视生命，认真对待自己和他人的生命。在这方面，大学生要做到以下几点：

第一，大学生要具备与生命相关的基础知识。

第二，大学生要了解自己的健康状况，要知道如何拥有健康的体魄，懂得如何维护和增进心理健康。

第三，大学生要有保护自己的能力，对待意外伤害能够做到自救和他救，同时大学生要具备一定的野外生存知识。

第四，在遇到挫折与痛苦时，大学生要能够不断调整自己，认识到生命是一切的根本。

对待他人，大学生要做到像珍爱自己的生命一样珍爱他人的生命。平时要与他人和谐相处，他人遇到危险之时要保持人道主义精神，及时施以援手。同时，对待其他非人生命，大学生要做到能够热爱世间万物，爱护与保护自然。

（二）能够积极主动创造生命价值

与珍爱与保护生命相比，利用生命创造一定价值是对大学生生命教育的更高要求。生命是大学生一切活动的基础，而创造价值则是对生命的一个重要升华。大学生要在拥有美好生命的基础上，主动创造生命价值。作为一个社会动物，人类生命价值是自我价值和社会价值的辩证统一。具体地说，生命价值包含了个体对自我生命以及他人生命需要的满足。在创造生命价值这个方面，大学生要积极做到以下这几个方面：

首先，大学生要确立生命的远大志向，要看到自身生命的成功来自于自己对未来价值的不懈追求。

其次，在处理问题时，大学生要充满斗志，朝气蓬勃，积极看待自己面对的问题。

最后，无论大学生处于顺境还是逆境，大学生都要积极乐观面对，正确看待顺境和逆境的价值，采取准确的实践活动。逆境并非自己不行，而是每个人都要经历的过程，是人生价值得到升华的一个重要方式。

（三）能自觉提升生命价值

同大学生创造生命价值相比，自觉提升生命价值乃是目标中的最高层次。生命本身有着崇高的价值。生命不仅仅是肉体的存在，而且还是一种意识观念的载体。人的生命价值重点在于心灵善良、人格健全、灵魂美丽。生命教育的目的就在于帮助学生认识到生命在这方面的价值，使学生在重视自己外在美的情况下还重视内在美。在认识到这一点的基础上，学生才能够不断提升自己对于生命的认识，推动自己主动去提升自身的价值。

第三节　学业篇——青春在这里凝聚

大学是最好的学习阶段。这个时期，大学生要积极吸取专业知识，转化成为自己的能力，之后发展成为社会主义社会建设贡献的才能。大学的学习与小学、中学的学习有明显的不同。大学生要积极把握大学的学习特点，注重自我教育在其中的作用。

一、大学的学习环境与特点

现代终身教育理论告诉我们，学习是贯穿人们一生的活动。

而大学的学习则是这个一生活动最重要的阶段。这个阶段的学习具有学校学习环境和大学学习环境的共通性。在校大学生特别是刚刚迈入大学校门的一年级大学生应该熟悉和了解大学学习生活和环境的特点。大学学习环境与社会学习和中小学学习的不同点主要表现在以下几个方面：

（一）学习的任务与内容不同

大学学习的任务是以就职为主要目的的专业性知识学习，重视基础知识学习的同时，还重视理论的实践。因此，在内容的深度和广度方面，大学都要大大高于中学和社会学习。大学教材内容和课堂信息量大，许多课程的内容与现代科学发展的前沿阵地更加接近。而中学学习则偏重于基础知识接受和理解，社会学习则偏重于实践上的学习。大学在突出理论思维的同时，还突出实践思维，在"学"的同时，已经不同程度上包含有"研究"的内容和性质。

（二）教学方式不同

大学的教学方式具有以下几个方面的需求：

第一，大学强调课堂教学的同时，更加重视课前预习和课后复习，给予学生的自主学习时间较多。大学生在必修课课堂学习和课外学的时间比一般是1∶1。

第二，中学课堂一般以1学时为一教学单位，而大学的教学单位除了一些选修课为2学时以外，一般课程多为3～4学时。这些课程的学习压力比较大。

第三，中学课堂教师会按照教材内容和具体体系、思路去讲授，信息量较少，慢而细，学生主要依靠课堂消化理解掌握知识，课下学习也限于课堂讲授内容。大学课堂信息量大，教师会按照自己的思路讲，不一定有教材，课堂上学生必须十分专注于教师所讲授的内容，课堂之外，学生还必须查找资料，消化理解教师所讲授的内容。

第四,中学课堂所开设的课程是学生都必须学的,没有或者较少有选修课程。大学有较多的公共选修课、限定选修课、专业选修课,学生有自主选择的权利。

第五,中学课堂的教学形式较为单一。大学除课堂教学之外,还经常组织学生参加较多的社会实践和专业实践,如社会调查、咨询活动、专业实习、毕业设计、撰写学年论文和毕业论文等。

(三)学习的具体环境氛围不同

在教学环境上,大学一般来说都要比中学优越。大学有藏书更为丰富的图书馆,更为安静的阅览室以及设备先进的实验室,食宿条件也较为优越,还有知识更加丰富、教学与科研能力更强的教师群体。这些条件对于大学生来说,无疑更加能够升华自己的知识体系。除此之外,大学还会经常举办各种形式的学术报告与讲座,还有能够反映学术活动的《学报》,以及和校园生活紧密相关的各种社团。这些都能够在一定程度上提升大学的学习环境与氛围。

当然,大学校园之中还有一些不利于传统学习的地方,这一点需要大学生提高警惕。相对于中学来说,大学校园更加开放,各类社会成员都可以进入大学校园之中。针对这种情况,大学生要能够辨识与自己沟通的人群,对于危险及时采取防范措施。大学校园还与社会实践紧密结合起来。大学生要能够将自己的知识应用在社会实践之中,提高自己的应用能力。

(四)学生学习的管理方式不同。

中学的学生管理是以教师为主的,管理方式是采取班主任负责制。学生的一切学习活动都要在班主任的主持下进行。在这个问题上,大学生要注意到中学和高校的不同。因为大学主要是学生自己管理自己,管理方式则是辅导员给学生一些建议。学生必须要在这些建议下学会自己管理自己。学生的活动也不一定要邀请教师参加,学习也没有固定的教室。只要向学校申请,就可以找到适当的教室组织活动。而自习只需要自己寻找到一个位置即可。因此,对于大学生来说,要注意自己合理安排自己的时间,提高自己的学习效率。

二、大学生要充分利用大学环境的有利条件

从以上对大学学习环境的分析来看看,大学的学习条件无论是和社会学习还是和中学学习相比,都是较为优越的。大学生要把握和珍惜这段黄金时光,最大限度地利用好这有利条件,真正为党、为国家、为人民、为社会交上一份理想的答卷来。

(一)调整自身的学习习惯和学习方法,尽快适应大学学习环境

大学生初进大学校门时,往往仍旧会用中学的学习习惯以及学习方法对待大学的生活。因而在入校之时出现许多不适应的情况。例如,课堂上埋怨教师讲课快、多、粗,课下时无所事事,不按照教师的要求进行预习,不会找重点,考试习惯于死记硬背。对于新入学的大学生来说,要积极进行自我调整,实现自己在学习心理、学习习惯、学习方法上的适应。这是大学生利用好大学学习条件的首要条件。

(二)努力增强学习的主体性,变消极学习为积极学习

目前各类学校教育改革正处于从应试教育转向素质教育的关键期。虽然当前一部分大学教育仍旧处于应试教育阶段,但是大学的学习目标已经开始要求大学生转变应试的学习方式,从知识学习发展成为能力学习。这就要求大学生自行转变,从"要我学"的消极学习转变成为"我要学"的积极学习。这种转变首先要求大学生摆正自己的态度,明确自己的缺陷,主动通过大学的学习环境去把握这些知识。其次,大学生要了解社会的发展动向,对于自己所要从事的职业特点有所准备。在这一点上,大学生要进行学习规划,明确自己的学业进程。最后,大学生要同周围的

群体进行交流,不闭门造车,相互交流以提升自己的认识。

(三)利用大学的教学方式,培养自身扎实的基础

高校教学的目的主要表现在两个方面,一方面是传授知识,另一方面则是培养能力。传授知识是基础,培养能力是目的。大学的教学方式在这一点上得到了很好的体现。教师要把这一指导思想贯穿在教学的全部过程和环节之中。作为学习主体,大学生也要意识到这一点。首先,大学生要认识到自己在能力上的欠缺,在接受课堂学习的同时注重培养自己的能力。其次,大学生要将能力培养贯穿在大学学习的全部过程中,通过预习、听课、复习、考试及各种实习活动等方式提升自己的能力。

(四)充分利用大学的资源,扩展自己的知识与能力结构

能力与能力结构离不开知识与知识结构。大学的学习环境为大学生掌握合理与纵深的知识结构提供了一个有利的条件。大学生要积极利用这样的学习环境,向学校之中的一些专家、教授、学者请教,对于自己的知识结构有一个合理的规划。大学生也可以借助书本,积极探索知识,搭建一个合理的知识框架,加大自己知识掌握的宽度。

在学习中,大学生还要注意培养自己的能力,实现能力与知识的共同增长。前文已述,知识学习的目的是为了能力的提高。大学生要积极提升自己的能力,将已经形成的知识框架转化成为自己的能力框架,从而在自己走向社会的时候,能够适应社会不断发展与变化的需求。大学生还要注意培养自己不断学习的能力,确立终身学习的价值观念。

三、大学生要树立正确的学习价值观

(一)传统社会中的学习价值观

人类进行的任何活动都具有目的性、意义性、价值性,学习活

动也不例外。任何学习者的学习活动也总是在一定的动机、目的的支配下进行的。而学习价值观则是人们形成这种动机和目的的总的指导思想，能够帮助学习者形成一种较为持久、稳定的学习动机、目的和总的学习指导思想。

现实生活中人们的学习价值观是不相同的。传统社会中人们的学习价值观有不同的类型，下面做简单介绍：

(1)以"养家糊口"为主要动机目的的学习价值观。这种价值观将学校和个人与家庭的生存紧密联系起来。这类学习者为了维持个人和家庭的生活，不得不通过各种渠道实现生产技能性知识的学习。

(2)以"改换门庭"为主要动机目的的学习价值观。这主要是贫苦农民和社会下层人士不满足祖祖辈辈生存的环境、条件和方式，希望通过识文断字、读书学习这种途径跳出和离开原有的生存环境和生存方式。

(3)以"报恩"为主要动机目的的学习价值观。这类学习者受师长影响较大，产生一种不学习就对不起关心自己的人的报恩思想，这种思想逐渐发展为支配自己学习的主要动机目的。

(4)以"功名利禄"为主要动机目的的学习价值观。传统社会中有"学而优则仕""家无读书子，官从何处来""书中自有千钟粟，书中自有黄金屋，书中自有颜如玉""十年寒窗无人问，一举成名天下闻"的读书观点。这种观点把学习和财禄紧密联系起来，在中国社会中一直存在着。

(5)以"明道救市"为主要动机的学习价值观。在传统社会中，有一些开明的知识分子也能够有较高的人生价值取向。在学习生活中，这些知识分子就能够把学习同国家、民族、人民的命运联系在一起。我国古代知识分子常常有这样的观念，如范仲淹的"先天下之忧而忧，后天下之乐而乐"的思想。

(二)当代大学生应树立的学习价值观

传统学习价值观中有正确也有错误之分，有层次高低之分。

对于传统学习价值观来说，今天的人们不能采取简单的否定态度，而应具体问题具体分析。现代学习者在学习动机上，应在考虑个人的利益与前途的基础上，积极将学习价值观同国家的命运联系在一起。我国当代著名哲学家任继愈说，求知识的目的要明确，我们学本领不只是为了装饰自己，而是为了社会主义祖国。大学生在学习中要胸怀祖国，服务人民。

大学生如何把自己的个人利益与前途和祖国的命运在一起呢？主要应考虑以下的方式：

首先，认真学习马克思主义及其中国化思想。马克思主义及其中国化思想是当代社会发展的理论指导，对大学生来说也有助于他们树立正确的人生价值观，实现个人与社会的结合。

其次，认真学习杰出人物成才的内在动机。在历史和现实生活中做出巨大贡献的杰出人物与他们的较高的人生观和学习价值观往往有直接的联系。杰出人物的人生观和学习价值观对大学生来说具有重要的启示性作用。他们的成长经历对大学生来说无疑是一个重要的借鉴。大学生多读一些名人传记方面的作品，多熟悉和了解杰出人物成才的内在动力，有助于自身树立高层次的学习价值观。

再次，认清时代发展特征，不断增强历史与社会的责任感。21世纪是人类社会科技发展更加迅猛、社会竞争更加激烈的时代。知识经济与信息时代的到来给每一个发展中国家提供了更多的机遇和挑战。能否抓住机遇，迎接挑战，关键在于人才的竞争。而大学生则是人才竞争的主体。承担未来发展重任的当代大学生，要把未来的发展特征和自己的生活学习结合在一起，不断增强做社会和国家主人的意识。古人讲，天下兴亡，匹夫有责。当代大学生更应该具有强烈的社会和历史责任感。

最后，多读一些有关国情和社会现状的书籍，并且深入实践，进一步了解和认识中国的国情。将国家的命运和自己的前途联系在一起，离不开对社会现状和中国国情的认识。当代大学生从小学校门到中学校门再到大学校门，并不完全熟悉和了解具体的中国国情和社会现状。即使知道一些，也往往带有极大的表面性、片面性、偏激性。在学习期间，大学生要有意识地关心国际国内发生的重大新闻、事件，多阅读一些有关国情和社会发展现状的书籍，还要有意识地利用假期期间或实习期间搞一些社会调查，把书本上学到的社会科学的基础理论知识对调查所获得的大量感性材料，再结合书本、报纸、杂志上所得到的有关国情的事实现象类知识进行全面系统的分析、提炼、总结。经常这样做有助于大学生激发和增强对他人、对人民、对民族、对国家的社会责任意识，从而提高自己学习的自觉性与主动性，明确自己学习的方向。

四、大学生学习的道德观

学习道德观是大学生处理学习问题的思想指导，对于大学生处理困难问题具有规范作用。首先，学习道德观为学生的学习确定一个方向盘和调节器。其次，学习道德观对于学生的学习能力、学习方法和学习效率起到重要的影响。最后，学习道德观是社会学校和他人对学习者的学习行为进行评价的统一基础。大学生的学习道德观非常丰富，简单说可以归纳为以下几点：

（一）以刻苦勤奋学习为荣，懒惰懈怠学习为耻

凡是要实现一定的目标就必须要付出一些代价，而学习这件事情的代价就是拼搏、努力、勤奋和刻苦。爱因斯坦认为，勤奋是世上一切智慧的催产婆。从哲学的角度来看，拼搏、努力、勤奋与刻苦就是人们克服矛盾斗争性不断前行的条件。只有经过"斗争"，事物才能发生变化，才能创造向矛盾对立面转化的条件。在转化条件成熟以后，人们才能得到好的结果。因此，拼搏、勤奋是大学生获得好的学习成果的重要条件。

（二）认真踏实学习为荣，马虎浮躁学习为耻

学习是一项复杂的脑力劳动，来不得任何马虎。学习中必须

从小养成认认真真、踏踏实实、扎扎实实、一步一个脚印、对自己各方面要求非常严格的学习习惯。我国当代教育家辛安亭说,学习的态度要严肃认真,细致精密,切不可马虎,不可偷懒,不可粗枝大叶。这是学习道德"荣""善""好"的第二方面内容。反之,那种在学习过程中大大咧咧、马马虎虎、粗心大意、心浮气躁的态度是"耻"的不好的学习行为。

（三）诚实守纪学习为荣,作假违纪学习为耻

诚实、诚信在任何时候都是人们道德观念的一个重要内容,在学习过程中也是一样。做学问如同做人。大学生在学习过程中要坚持老老实实的态度与作风,认认真真地思考,踏踏实实地做事。周恩来说:"我们对待任何问题,都必须坚持'知之为知之,不知为不知'的老实态度,不懂绝不要装懂,但是必须由不懂变为懂。"[①]学习是一个社会性的活动。人们在学习的过程中必须要遵守一定的纪律,按照计划顺利地执行。因此,遵守学习纪律是学习者必不可少的一个重要条件。诚实守纪就成为学习道德的第三个方面。

（四）谦虚向上学习为荣,自满骄傲学习为耻

学习一定要谦虚,谦虚也是学习成功的基本条件之一。毛泽东说:"学习的敌人是自己的满足,要认真学习一点东西,必须从不自满开始。对自己'学而不厌',对人家'诲人不倦',我们应取这种态度。"[②]谦虚不是自卑。谦虚的实质是实事求是地对待自己,既要看到自己的成绩,更要看到自己的不足和问题。谦虚、骄傲不仅仅是个思想方法问题,也是一个道德品格问题。在学习问题上学习者是谦虚还是骄傲也是衡量学习行为"荣""耻"以及好与不好的一个重要内容。

---

① 周恩来选集(下卷)[C].北京:人民出版社,1984,第188页.
② 毛泽东选集(第2卷)[C].北京:人民出版社,1991,第535页.

（五）尊敬老师学习为荣，不敬老师学习为耻

学习过程中一方面向书本学习，另一方面就是向老师学习。只有善于向老师学习的学习者，学习上才能有长进，有发展。在正常的人与人的交往中，人与人之间都必须相互尊重，何况在向老师学习的过程中，更应该首先尊敬老师。要对老师有礼貌，要虚心向老师请教问题。陈景润回到他的母校对同学们说："要尊敬老师，虚心听取老师的指导。……我自己能在数学方面取得一点成绩，和我的老师——小学的老师，中学的老师，大学的老师，还有老一辈科学家们的培养教育分不开的。我希望同学们尊敬老师。反之，不尊敬老师，不仅在正常的人与人的交往中是不道德的表现，在学习生活中更是一种不道德的表现。"

（六）敬友互助学习为荣，怠友自私学习为耻

学习过程中不仅要尊师，同时也要敬友。在一个相对稳定的学习集体中，如一个班级、一个年级、一个宿舍，如果能够有一个关系非常融洽的学习环境和氛围，使学习者心情比较舒畅，并形成健康的学习情感，就会极大地促进学习者学习活动的深入和学习效率的提高。要做到这一步，就要求每一个学习者从自身做起。要首先尊重别人，既要虚心向他人请教，又要在他人遇到困难特别是学习中遇到困难时伸出友谊之手。学生干部和成绩好的同学要经常关心这些同学，学习上多给予他们具体帮助，同时帮助他们分析学习吃力和成绩差的具体原因，增强他们的学习信心。

第四节　就业篇——走进社会的宽广舞台

就业是大学生学习的最终目标。要就业，大学生就要适应社会发展的节奏，要符合自己的性格特征。因此，大学生就业要找

对自己的就业方向,对自己未来的工作进行合理规划。

一、走入职场的准备

(一)心理素质的准备

1. 心理素质的含义

心理素质是指人在认知、情绪情感、意志、性格、自我意识、价值观及社会交往等方面的素养。人的心理素质是在长期的环境熏陶之下修养而成的。

通常来说,心理素质和心理健康是有区别的。心理素质是指人的心理品质,心理健康则是一个人是否积极适应环境的能力或者状态。良好的心理素质是心理保持健康状态的基础,而健康的心理状态则又是心理素质的基本条件。

2. 良好心理素质的标志

心理素质主要有智力、意志、情绪、行为、人格和人际关系等方面。在智力上,良好心理素质的标准是智力正常。在意志方面,良好心理素质的标准是意志健全。行为人应该保持较高的自觉性、顽强的意志、能够客观冷静地分析情况、有较好的自制力。在情绪方面,良好心理素质的标准是情绪稳定,能够积极面对外界的客观事物。在行为方面,良好心理素质标准是行为适度,面对外界刺激能够做出符合社会认可的行为反应。在人格方面,良好心理素质标准是人格统一,行为人应保持性格乐观开朗、有较强的自我意识、采取积极的价值取向、无明显的冲突与分裂人格现象。在人际关系方面,具备良好心理素质的人能够做到人际关系和谐,不依赖别人,也不驾驭别人,所作出的举动与自己的社会角色相适应。

3. 心理素质对大学生求职择业与职业的影响

良好的心理素质是大学生择业与职业发展的重要影响方面。在择业方面,良好的心理素质首先影响到大学生的择业目标和择业实现过程。具备良好心理素质的人能够准确进行自我分析、用人单位分析和社会环境分析。经过一番分析以后,可以将个人利益与国家利益结合起来,在择业目标中找到自己的位置。在择业实现过程中,良好的心理素质能够帮助大学生更好地展现自己的才华,有利于用人单位准确判断大学生。良好的心理素质,可使人在面对考验和矛盾时,做到镇定自若、乐观向上、不怕挫折、勇于创新、缜密考虑、果断决策。其次,良好的心理素质还会影响到大学生的职业适应与职业成就。当大学生走向职业岗位以后,由于角色、人际关系、环境的变化,心理素质良好的大学生能够更加快速地实现自我状态的转变,与新的环境保持平衡,尽快适应职业角色,使适应期大大缩短。适应职业以后,心理素质良好的大学生能够快速发挥个体优势、热爱自身职业并且积极献身职业,能够以顽强的意志解决工作中的困难。

4. 良好心理素质的养成

要具备良好的心理素质,大学生必须在以下几个方面积极培养自己:

第一,掌握知识,开发智力。大学是人生最宝贵的阶段。当代大学生面临着高科技、高速发展的信息社会,社会对大学生综合素质的要求不断提高。大学生必须积极掌握能够适应社会发展要求的能力,在社会与自我的发展中不断培养自己、锻炼自己。

第二,培养优良的非智力因素。相对于智力因素来说,非智力因素主要是指个人的情感、意志和人格等因素。非智力因素是人们素质的一个重要组成部分。接受系统教育的大学生,一般来说在非智力因素方面表现都相对较为优秀。因此,对于大学新生来说,要成为一名合格的大学生,就必须要培养自己的非智力因素,控制自己的情绪情感,培养自己的意志力和忍耐力,锤炼自己的性格和积极的价值观。

第三,维护和增强心理健康。在快速发展的社会环境中,心理健康的状态是人健康的一个重要方面。要积极与环境互动,不断调整自己的心理结构,达到与外界的新平衡。

(二)知识能力的准备

决定求职与择业是否成功的另外一个重要方面是求职者的知识与能力。随着时代与社会的进步,人们对人力资源开发的重视程度越来越大。对于大学生来说,自身知识水平的高低将直接影响自己在企业中的地位。大学生要在入职之前准备好能够适应社会发展的知识结构,总体上说,大学生要做到以下几个方面:

1. 要有结构合理的理论知识

知识结构是一个人在经过专门学习以后获得知识体系及构成状况。合理的知识结构是大学生适应当前知识化社会发展的重要条件。大学生应根据现代社会的发展需要塑造自己、发展自己,建立起合理的知识结构。理论知识是否结构合理的一个重要判断标准就是是否适应当前社会发展的需要。从我国社会发展的情况来看,大学生知识结构应尽量广,可以为自己搭建蛛网型知识结构,成为复合型人才。所谓蛛网型知识结构是指不同类型的知识相互链接在一起,形成一个网状链接。搭建这种知识结构,大学生通常要以自身专业知识为中心,形成与其他专业知识相互链接的大型网络。这个网络越是"结实""紧凑""覆盖范围广",说明大学生的知识越扎实。大学生搭建这样的网络必须要让自身的知识落实下去。

2. 适应社会职业需要的实践能力

对于那些走出校门的大学生来说,虽然在知识积累上有了一定的基础,但是还不能完全适应各类岗位的需求。知识并不完全等于能力。大学生要认识到自己在能力上的欠缺,应尽量多地培养一些适应社会发展需要的能力。现代社会中,社会各类职位的能力需要主要包括以下几个方面:

第一,决策能力。决策能力也可以称为选择能力。这涉及多个领域,与个人的未来发展紧密相关。大学生良好的决策能力是未来实现一定目标与手段的最佳选择。人们决策能力的中心环节是选择,全面看待和评价事物的全部过程。针对这种情况,大学生平时要注意锻炼自己的决策能力,尽量自主做出相关决策。

第二,创造能力。创造能力是人们有意改造自然和社会活动的一种能力。人们通过观察自身的需要和现实社会的问题,将自然和社会发展中的问题顺利解决。对于大学生来说,当今最为重要的任务就是培养自己的创造能力。总体来说,要做到以下这些方面:

其一,有观察生活的基本能力。

其二,有发现生活的基本创新精神。

其三,有批判继承和开拓创新的意识。

其四,有坚定的意志力。

第三,社会交际能力。社会交际能力,就是人通过语言和非语言符号与他人传递思想感情与信息的能力。良好的社会交际能力是工作所必需的一个能力方面。通过相互之间的交往,人们可以使得自己的创造实践得到检验,同时也可以向社会推广和宣传自己。对于大学生来说,积极参加社会活动,是提高自己交际能力的基本途径。

第四,熟练的操作能力。操作能力是专业工作者需要具备的一种基本实践能力。操作能力包括四个方面,分别是迅速发现问题的能力、准确解读问题的能力、协调各方资源的能力、灵活解决问题的能力。大学生要提高自己的操作能力,应该多看、多练。只有看得多、接触得多,大学生才有可能提高自己动手操作的技巧与能力。

第五,组织管理能力。组织管理能力是大学生今后走向职场成功的一个重要方面,对于大学生达到最佳工作目标具有重要的帮助作用。大学生组织管理水平的高低,已经成为一项工作,是判断一个部门运行状况的重要因素。现代社会科学技术发展十分迅速,部门必须良好协调才能完成每一项工作。

3. 适应变化的自我发展能力

所谓适应变化的自我发展能力也就是人们的自我适应能力。现代社会是复杂多变的,要适应这种状况,保证自己从学校到社会的顺利过渡,大学生应该提高自己的社会适应能力。学校进行的是基础教育,是综合能力教育。在工作岗位之上,这些工作明显是不够的。有些知识在走上工作岗位之初是用不上的,有些知识则是不够用的。这就需要刚走上社会的毕业生,根据社会发展的问题进行解决。

(三)职业素养的准备

职业素养是一个很大的概念,包括了很多内容,有与前文重复之嫌。这里将上述内容撇开,认为职业素养主要是指大学生在工作中表现出来的职业道德、职业技能、职业行为、职业作风和职业意识等。

1. 大学生职业素养的培养

"素质冰山"理论认为,个体的素质就像水中漂浮的一座冰山,水上部分的知识、技能仅仅代表表层的特征,不能区分绩效优劣;水下部分的动机、特质、态度、责任心才是决定人的行为和鉴别绩效优秀者和一般者的关键因素。由此可以将大学生的素质划分为两个组成部分,分别是显性部分和隐性部分。显性部分主要指大学生的形象、资质、知识、职业行为和职业技能等方面;隐性主要指大学生的职业意识、职业道德、职业作风和职业态度等。在就业中,显性素质可以通过简历的手段表现出来,隐性素质则主要可以通过试用期的工作表现显现出来。大学生职业素养的培养应该着眼于整座"冰山",并以培养显性职业素养为基础,重点培养隐性职业素养。

在职业素养的培养过程中,大学生首先应重视职业素质的自我培养,在职业意识、职业道德、职业态度、职业作风等方面有基本认识。在这些方面,大学生应该首先明确自己是一个什么样性格的人,适合做什么,想要做什么,对自己有一个基本的定位。其次,大学生应该明确自己周围的环境是什么,能够支持自己做什么,对于自身的学校、家庭和人际关系方面有基本的认识。学校和家庭往往会安排一个特定的培养方向,支持自己向一个确定的方向发展。一旦自己对于这样的安排不太喜欢,需要尽量同这几方面沟通,将阻力化为动力,推动自己向一个方向发展。大学生要意识培养自己的隐性素质,提升自己独立生活和做事的能力。大学生职业素养的自我培养应该加强自我修养,在思想、情操、意志、体魄等方面进行自我锻炼。

2. 优秀员工职业素质的构成

优秀员工是大学生学习的榜样。在职业生活中,大学生应向他们学习,学习他们高效应对周边环境的能力,学习他们处理问题的基本素质。通过观察,笔者发现优秀员工通常具备以下这些方面的素质,大学生可以在这些方面做出提升。

(1)专注力。一个优秀的员工通常会像老板一样专注,用老板的心态对待工作,做工作的主人。

(2)适应力。环境是苛刻的。优秀员工通常能够在最为苛刻的环境下快速分析,弥补自己的短板,发挥自己的长处,快速适应环境。具备这样能力的人,通常也就有了可以纵横职场的筹码。

(3)转化力。所谓转化力就是将工作中的压力和资源转化为自己工作的动力。工作中有压力是常事,没有压力反倒有些反常。优秀员工通常能够正确利用压力,整合周围的资源,将其化作自己应对工作挑战的一种资源。

(4)表现力。优秀员工之所以优秀,是他们除了能够正确对待工作以外,还能够将工作中最为优秀的一面表现出来。机会往往只有一次,要抓住机会表现自己。

(5)执行力。优秀员工通常会为自己设定一个明确的目标,致力去追求。他们通常能够准确将目标进行准确分解,精准执行每一个分项目标,顺次实现最终的工作需求。

(6)服从力。员工就是员工,服从工作安排是第一行为准则。在企业组织中,没有服从就没有一切,所谓的创造性、主观能动性等都在服从的基础上才能够产生。那些懂得无条件服从的员工,才能得到企业的认可与重用。

(7)责任力。所谓责任力包括两个方面,一是工作中持续将自身责任作为警示自己目标完成进度的标准,二是在工作出现问题以后能够先问责自己,从自身责任看待周围的问题。

二、转换角色,步入职场

所谓转换角色,就是指在不同时空条件下调整相应的权利和义务,承担相应的责任。或许这样定义极为抽象,若具体说来,是指因情势变迁而调整为不同的学习、生活或工作形态。迈出大学校园,走向社会,开始崭新的职业生涯,是每个大学生终将面临的问题。职业生涯的开始,是大学毕业生开始由学生角色向职业角色转换的开始。角色转换成功与否,直接决定着职场的胜与败。

大学生转换角色要从绚丽的梦想中回到严峻的现实里,尽快在思想上、意志上和业务能力上适应角色、进入角色和选择角色。大学生要建立转换角色的思想准备,树立环境塑造自我,自我改变环境的意识。大学生首先要适应工作环境,将自己的专注点转换到工作上,积极地去适应新岗位、新生活。

在工作中,大学生要增强团队合作意识,学会处理与同事的竞争合作关系。主观上,大学生要秉持着和谐相处与人为善的思想。客观上,大学生要采取实际行动,理性了解和应对人与人之间的交往。具体说来,一是要熟悉自己周围的人际环境,弄清上下左右人员的网络关系;二是要一心扑在工作上,努力学习,勤练技能,多创业绩,而不是成天将时间花在拉帮结派、尔虞我诈上;三是在大是大非面前,爱憎分明,立场坚定,敢于坚持正义。

三、大学生职业生涯规划与人生经营

进入工作状态之后,大学生必须要对目前的工作进行客观审视,分析自己对工作的适应情况,对自己的能力以及成长方向进行准确评估。大学生要在对主客观因素分析的基础上,选择既适合于自己的个性特点,又能激发自身兴趣爱好,有助于实现人生理想抱负的职业。

角色选择这个阶段的心理调适重点是:不轻易跳槽,保持平和的心态,切忌攀比,承认个人能力的大小,承认个体差异。如果眼高手低,稍不如意就一走了之,受损失的不仅是用人单位,更是毕业生本人。另外要善于抓住机遇,只有兢兢业业、踏踏实实工作,才能迈向成功。

在这种观念的基础上,大学生才能够在职业生涯规划中走过。依据不同的年龄,大学生职业生涯可以划分四个不同的阶段。

第一,初入成长期(20—30岁)。在这个阶段,大学生刚刚适应和熟悉职场的环境,工作重点是实现自身的不断成长,完成工作中的第一个目标。这个阶段,大学生职业生涯发展的重点成长为工作精英,确立自己在公司和行业的地位。大学生在这个阶段要坚持学习,准备自己所需要的各种知识。

第二,精英成熟期(30—40岁)。这个时期是自己风华正茂,各项事业能够迅速发展和攀升的时期,也是工作压力最大的时期。这个时期的工作重点是创新,利用自己在前期积累的经验,寻找新的方法解决问题。三十而立,人到30多岁,应当对自己、对环境有了更清楚的了解。

第三,工作高原期(40—50岁)。在这个时期,人的精力已经大不如前。学习能力和创新能力都开始退化，一部分人甚至开始变得顽固。在这个时期，人已经开始步入人生的高原时期，虽然工作职位和地位很高，但是难以有特别迅速的发展。这个阶段的主要任务就是再次展开对自己的认识，迅速充电，适应社会环境的快速发展。

第四，生涯晚年期(50—60岁)。此阶段是人生的转折期，无论是在事业上继续发展，还是准备退休，都面临转折问题。由于医学的进步，生活水平的提高，很多人此时乃至以后的十几年，都能身体健康，照样工作，所以做好晚年生涯规划十分重要。

职业规划不是短跑，而是"马拉松"长跑，需要经历漫长的过程。有些人在起点可能不会特别顺利，有些人一开始没有找到自己满意的职业，对于职业新人来说，走向社会，步入职场时，由于没有实践的经验，做一些基础工作，是很正常的。这时需要调整自己的心态，运用职业生涯规划的方法，进一步去了解自己，发现自己的兴趣、优势、特长、性格和价值观，在实践中去探索和体验职业，逐步去修正自己的职业目标，最终我们会找到自己所爱的职业。

第五章　大学生主题德育的评价探析

大学生主题德育课程评价的过程,是科学实施课程教学的必经阶段,有利于发现大学生主体德育课程教学的不足之处,从而在未来的教学过程中不断进行完善。对大学生主体德育课程评价,还有利于充分发挥其德育功能。这是因为,对大学生主题德育课程的评价,实际上是在一定价值观念的指引下所进行的实践活动,带有一定的目的性,并且评价本身属于德育课程中的一项重要因素,在大学生主题德育课程中发挥着重要的作用。因此,必须要重视对大学生主题德育课程教学的评价。

第一节　德育课教学评价概述

课程评价是对课程进行价值评价的过程,在高校完整课程建设中占有重要的地位,是必不可少的一个环节。对于高校课程设计来说,所有最终方案的形成都必须要经过评价、反馈、补充、修正等过程,这样才能保证课程更加完善。在现代高校课程设置中,最能体现统治阶级意识形态的就是大学生主题德育课程了,这是因为,高校所选择的课程内容和学习经验,以及对这二者进行组织的形式,将会对统治阶级意识形态的主导和课程的方向问题产生直接的影响。

一、大学生德育课程的内涵及特点

(一)大学生德育课程的内涵

1. 大学生德育课程的定义

德育课程是大学生德育内容(主要是指社会主义德育)与高

校课程形式的组合方式。在当代大学生德育课程有机构成中,德育内容决定了社会主义德育的性质和基本内容,体现了当代德育与传统德育时间维度和性质维度根本区别。当代大学生德育课程作为一种组织形式,表明高校通过何种方式把德育内容转化成大学生思想道德素质。

2. 大学生德育内容与课程形式的组合方式

关于德育内容和课程形式的组合上,目前我国德育研究中基本上存在两种组合方式。

(1)"小德育"的"大课程观"

所谓"小德育"即指把德育理解为道德教育。而"大课程观"即"经验"本质观,即把课程内容理解为思想道德方面直接经验与间接经验的总和。包括:

教育因素说:把德育课程理解为"一切具有道德教育性质、道德教育意义和作用,对大学生品德发展有影响力的那些教育因素。""具有育德性质和功能因而对受教育者思想品德发展有影响作用的教育因素,是整个教育课程的有机组成部分。"

高校经验说:把课程理解为"教育者为实现德育目标,有组织、有计划地在高校范围内以各种方式,通过受教育者的意识和心理反应使受教育者获得良好品德经验的教育因素。它不仅包括高校开设的专门德育学科,而且包括隐蔽德育课程。"

组织形式说:即把德育课程理解为"道德教育内容或教育影响的形式方面,是高校道德教育内容与学习经验的组织形式。"

(2)"大德育"的"小课程观"

"大德育"指的是,在人的政治、思想和道德等方面进行的教育。而"小课程观"则指的就是知识的本质。"大德育"的"小课程观",指的就是对人们的政治、思想和道德等方面进行知识的课程讲授。高校所开设的大学生主题教育,其主要目的是,高校为了实现教育目标,从而在大学生思想道德素质方面有计划地开展的教学科目。从狭义上面来看,高校德育课程主要指的是那些具体所开设的德育课程科目,包括马克思主义理论课、思想品德课等。而从广义上来看,高校德育课程则指的是高校所开设的所有德育教学课程科目的总和。

在对现代高校德育课程进行分析后可以看出,上述两种德育课程的组合方式不够全面和完善,具有一定的片面性。其中,"小德育"的"大课程观"的不足之处表现在,没有正确理解德育内容,"大德育"的"小课程观"的缺陷则在于,没有认识到德育课程的本质。无论是"小德育"的"大课程观",还是"大德育"的"小课程观",都没有对德育课程的本质进行正确的揭示。由此可见,想要正确地揭示出当代德育课程的本质,就必须要实行"大德育"的"大课程观"。

因此,我们认为,当代德育课程是当代德育内容和当代课程形式的有机整合,其在本质上表现为一种思想道德方面直接经验与间接经验相结合的综合经验。所谓思想道德方面直接经验即指大学生在高校教育环境中通过实践活动所获得的思想道德方面的经验。而思想道德方面间接经验是指人类长期积累起来的思想道德方面的成果,具体来说,是指高校通过专业或学科的方式传承的人类社会所积累的一切先进文化成果。这些经验构成一个整体,形成大学生在高校期间获得的思想道德方面经验的总和。

（二）大学生德育课程分类

大学生德育课程的范围可以分为显性德育课程和隐性德育课程两大部分,而这两部分课程中又包含有不同性质和类型的课程。

1. 显性德育课程

显性德育课程指的是,高校为大学生所提供的,具有显性的思想道德经验的总和。显性德育课程可以分为两类,一类是学科德育课程,另一类是活动德育课程。这两种类型,都是高校为了实现德育的教学目标,从而有组织有计划地以明确、外显的方式,为大学生提供思想道德方面经验的教学内容和因素的总和。

2. 隐性德育课程

隐性德育课程,指的是大学生自己从高校教育环境中所获得的,在思想道德方面经验的总和。高校为了实现教育目标,从而以不明确的,较为内隐的方式,让大学生获得思想道德方面的教育内容和因素的总和。其中,所谓的不明确的方式指的是,大学生没有直观感受到老师的教学,同时学生也没有专门去学习。内隐的方式指的是,高校并不是通过直接的教学方式,来为大学生提供思想道德方面的经验,而是将思想道德的经验隐藏在各项教学活动、校园环境和文化之中,通过潜移默化的影响,从而提高大学生的思想道德素质。

二、德育课程评价的内涵及要求

(一)德育课程评价的内涵

当前,人类已经步入文明社会,人们想要在社会中生存,就必须要具备一定的道德素质,"使人成为人"。从这里我们就可以看出,在学校的教育活动中,如何提高学生的道德素质就成为教育的一项重要内容。尽管不同的时代、不同的阶级、不同的国家对道德的含义理解有着巨大的差异。自古以来,我国教育就对道德教育极为看重,认为一个人要注重"德行"。著名的德国教育家赫尔巴特认为,教育的最高目的就是道德。现代社会中,我国对人们道德的培养也极为看重,党中央对教育所实施的改革方案中,每次都会额外提出对道德的培养,甚至在我国的教育法中,也对道德进行了明确的规定,这都说明道德教育在我国占据着重要的地位。大学生是党和国家建设事业的接班人,想要培养出合格的建设者,就必须要注重对大学生的德育教育。

高校从事德育教育的教师,希望能通过自身的教学,提高学生的思想道德水平,帮助学生树立起正确的世界观、人生观和价值观。由于各个学生无论是在年龄、知识水平和生活环境等方面都有一定的区别,因此各个学生受到德育教育教学的影响各不相同,因此就必须要确定德育课程与教学能改变学生的程度,这就必须要对德育课程教学进行评价,这对提高学生的思想道德素质具有重要的作用。我们可以从狭义和广义两个方面来看待德育课程评价。其中,狭义的德育课程评价指的是,为提高学生的德育学习效果,从而对德育课程计划、课程标准和教材的价值进行评判的过程,其具体实施需要使用专门的评价方法和技巧,由专门的评价人员来进行。而广义的德育课程评价则指的是,在一定价值标准的指导下,系统收集德育教学的相关信息,明确受教育者产生的变化,并判断该变化对社会与个体发展的有利影响的大小,将此作为受教育者不断进行完善和相关部门进行科学决策的依据。在高校课程改革中,其中所涉及的德育课程评价就是在目的的指导下所进行的。对德育课程评价的广义含义的正确理解需要注意两个方面:第一,德育课程评价实际上就是一种价值判断活动,评价者本身的价值观会对评价的最终结论产生很大的影响,因此该活动具有一定的主观性;第二,德育课程评价的对象有两个,其一是受教育者在接受德育教育活动后的发展变化,其二是导致该变化产生的影响因素。

(二)德育课程评价的要求

1. 坚持全面性发展要求

德育课程评价的全面性要求指的是,在评价内容、方法和评价主体都要足够全面。

从内容上说,不仅要对教师的实际教学情况进行评价,同时也要对学生的实际学习情况进行评价;要判断是否制定了明确的教学目标,突出了教学重点,解决了教学难点,以及是否正确掌握了教材,能否灵活运用教学方法等;大学生是否是主动、积极参与教学活动,师生之间的互动是否和谐以及大学生是否获得了良好的教学感受等;大学生掌握知识的情况,以及大学生在思想、情感、价值观念等方面的提升等。

从评价方式上来说,不仅要对高校德育课程进行传统的书面测试,同时还要采取一些创新方式,如访谈、答辩、现场观察、学生座谈和家长调查等。

评价主体的全面性指的是,构建一个高校学生自评、学生群体互评、家长参评、教师导评、学校领导审核考评的评价体系,实现评价主体的多元化。由于评价活动具有一定的主观性,因此不仅要进行校内评价,同时还进行校外评价,将二者相结合,提高德育课程评价的客观性。

2. 坚持评价的科学性

对高校德育课程评价的主要目的是,推动大学生实现全面的发展,促进教师的专业发展,注重评价内容、方法和评价主体的全面性,其中的一个重要目的就是提高评价的科学性,使评价活动更加合理以及有效。想要提高高校德育课程评价的科学性,就必须要指出评价的重点内容,对其所具有的价值进行排序,然后再以此制定出相应的评价标准,并在评价的实际过程中不断进行调整及完善。需要注意的是,课程评价的整个过程较为烦琐,需要细致、耐心地实行,不能为了急于求成而草率得出结论。

3. 重视过程评价

要重视评价的过程,不能只将其作为检查教师教学效果的一项手段,而是要切实发挥出评价的真正作用,全面推进大学生的全面发展和教师的专业发展。因此,必须将评价贯穿于整个德育课程教学过程之中,不能只是在教学过程结束之后再进行评价。要保证评价的连续性,在每一节课或是每一单元的教学过程中都要进行评价,这样才可以充分发挥评价对学生的激励作用,增加知识积累,教师也才能更好地对教学方法进行改进,帮助学生树立起正确的世界观、人生观和价值观。

从我国教育的整体状况来看,大多数的教育模式仍然是应试教育,将向学生传授知识作为教育的最终目标,将知识作为教育的重点。在这种教育模式下,高校的德育教师对内容的把握就较为抽象,不仅讲授的内容较为枯燥,并且还试图在对传授的知识中总结出更为枯燥的规律和公式,追求知识的绝对本质和标准。在这种情况下,大学生对德育知识的学习就失去了吸引力,对知识的把握是机械的,总是会倾向于找到一个最终的、唯一的答案。显然,这种教学方式已经不再适合当今的社会。高校德育教师应该将所要传授的知识放置于具体的社会实践之中,在特定的阶段探寻其所具有的人文和历史意义。在德育理论教学中加入深层的历史感和人文感,这样才能充分展现出高校德育教育的魅力,提高其对大学生的吸引力。

4. 注重评价多样化

课程评价多样化,包括评价主体的多样化、评价角度的多样化、评价尺度的多样化。课程评价是教师和学生共同合作的有意义的建构过程。因此,大学生既是评价的对象,也是评价的主体,同时,家长、学校等也应该参与课程的评价。这种多元主体的评价,有助于改变以往单一评价主体的局面,使对学生的品德评价、对教师的教学评价、对教育内容的评价等变得更加科学、合理,并最终达到通过多元化评价促进大学生品德发展的目的。角度多样化是指在评价中,注意分析大学生的言语或非言语表达,收集儿童的各种作品,汇集来自教师、同学、家庭等各方面的信息。通过多方面的信息,才能对课程、教师、学生做出更合理的评价,从而提高这种评价的信度和效度。评价尺度的多样化是指品德课程以促进大学生品德发展为本,因此,有必要抛弃那种千人一面的评价尺度,而应关注每一个学生的不同家庭背景、不同个性、不同发展水平等,通过多样化的、个性化的评价尺度,促进高校学生品德个性化发展,关注每个学生在原有水平上的发展。

5. 强调综合评价

对高校德育课程的评价还应注意的是,评价不仅要关注大学生的课业成绩,同时还要注重对大学生在其潜能和特质等方面的发展,提高学生的综合能力,尤其是要注重培养学生的创新能力、对问题的探究能力、观察能力和实践能力,要充分体现出对于课程评价内容的全面化和综合化。德育课程标准明确提出,本课程评价内容主要对大学生在学习过程中各方面的表现进行综合性评价,要突出情感、态度、价值观和学生学习过程中的技能与方法的评价,避免单纯的知识评价。对高校学生的评价不仅要考察"认识"或"概念"等认知层面,更要关注对"表现"等行为层面的考察,这样才能全面地反映学生的学习状况和水平,既能发现不足,又有利于提高和改进。具体包括:

要突出对高校学生学习态度的评价。评价内容要体现参与,因为态度、能力、知识目标的评价离开了学生的参与都不可能获得真实的结果,而且,更重要的是教学活动如果没有学生的参与就是无效的。因此,学生对学习活动有无兴趣参与,是否进行了参与,参与的深度如何,体验到了什么,产生了哪些感受和情感,都应是评价的内容。

注重对高校学生学习方式和学习能力的评价。包括学习中观察、探究、思考、表达的能力,搜集、整理、分析资料的能力,交流合作能力的评价。

三、大学生德育课程的设计

(一)显性德育课程的设计

1. 学科德育课程的设计

第一,倡导综合课程,促进学科课程综合化。比如鉴于我国学科德育课程建设过程中较注重分科课程的设计,注重专业课程、业务课程的设计的特点,倡导课程观念的综合化:可以开设一些整合课程,如环境课程、STS(科学·技术·社会)教育课程等,跨学科课程(如我国高校开设的诸如生物化学、物理化学、环境与资源等课程),在学科课程中增加道德教育的内容或成分,开设职业伦理等课程等。

第二,倡导课程形态和结构的多样化,提倡多样化的课程模式。比如鉴于我国学科德育课程形态较为单一,课程学习的时间较为漫长的特点,倡导课程结构的多样化或课程的微型化,开设一些微型课程或课程单元,使课程组织形式呈现多样化。

第三,倡导通识教育课程,促进科学精神与人文精神的结合。比如鉴于我国学科德育课程设置过程中比较重视专业知识、专门化学科知识的特点,在课程内容的设置方面增加通识教育的成分,加强对大学生普通知识课程的开发与设计;比如鉴于我国课程体系中比较重视理科教育内容,注重"硬"科学的倾向,增加人文科学内容,注重"软"科学的价值等。对大学生思想道德素质发展都是非常有益的。

第四,倡导个性化教育,进行校本课程开发。鉴于我国学科德育课程较重视共性的课程问题,而较为忽视学习者个体的差异性,注重必修课程要求,忽视选修课程的建设,在课程设计过程中注意大学生个体的差异性,讲究课程的弹性标准,增设选修课程,注重课程的个别化特点;鉴于我国各类学校中,比较重视统一规定的课程建设,而比较忽视构建符合各学校或各地方特点的特色课程建设,倡导校本课程设计开发是有益的。

第五,倡导经验课程,注重对大学生直接经验的开发。比如鉴于我国学科德育课程较注重课程本身的逻辑结构,缺乏对大学生学习经验和心理结构的研究,倡导课程的经验性和实用性,加强对大学生综合经验的重视,强调大学生对学科知识的直接体验的重要性的认识,增加课程的实用性等。

2. 活动德育课程的设计

（1）倡导当代大学生德育课程观念

在近代课程观念的影响下，我国高校建立起了德育课程体系，并在很多地方延续至今。该种课程观念的特点主要表现在以下三点：第一，具有知识本质观的特点，这种观念具有很大的局限性，对德育课程的知识理论过于看重，认为大学生只要掌握了这些知识，就会提高其自身的思想道德水平，这样教育目的也就达到了；第二，分科课程观念，也就是说会在德育教学的过程中，将其分为不同的部分，如德育、智育、体育等，然后分别对学生进行教育；第三，教程观念，也就是说在德育课程实践的整个过程中，对教师知识内容的讲授过于看重，却忽略了另一个教育主体——大学生的积极性、主动性的发挥。

显然，上述德育课程的教学观念已经不再符合现代社会的发展，想要全面提高大学生的思想道德水平，就必须要明确大学生的时代特点，树立起当代大学生德育课程理念，重视大学生在整个德育课程教学活动中积极主动性的发挥，注重学生的整体感受，重视大学生教育主体的地位。此外，在德育课程的教学，要改变以往只有单一学科德育课程的德育课程观，改为显性德育课程和隐性德育课程的"大课程"观，这对于人们认识现代课程的本质和特征，从而把活动德育课程纳入课程体系进行系统设计和开发，能够起到观念的先导作用。

（2）积极吸纳学校经常开展的有德性的实践活动

在当前的教育体制下，很多高校中都存在着以活动为载体的教育方式，这些教育方式具有很好的德育作用，因此，必须要注重对这些活动的开展，对提高大学生的思想道德水平起到潜移默化的作用。例如，学校开展的军训活动、献爱心活动和社会公益活动等，这些活动就带有明显的德育特征。还有一些活动，如个人爱好、娱乐、健身和专业实习等，这些活动是以学习为主导。此外还包括学校组织的群体活动，如党组织活动、社团活动、班级活动、小组活动等。这些活动既有学校专门组织的正式活动，同时也包含有一些非正式的实践活动，它们中的很多活动形式并不是学校设置的学习课程，但是却对提高对大学生的思想道德水平具有重要的作用。

从现代大学生主体德育建设的观点来看，这些活动都可以被吸纳到德育课程体系建设中来，将这些学生自发展开的，没有经过课程系统整合的活动纳入到德育课程体系中，并对其进行有目的、有意识的开发与设计，将其变为日常德育课程的一种自然状态，可以大大提高这些活动的德育功能。因此，对大学德育课程的现代化建设，必须要吸纳当前学校中存在的一些学生乐于参加的有意义的活动，对大学生德育课程不断进行丰富。

(3)按照当代大学生德育课程理念进行德育课程总体开发

上述中，将高校中已经存在的一些有意义的活动，吸纳到大学生德育课程体系中，以此提高大学生德育的效果，这种课程建设策略虽然具有一定的成效，但是却具有一定的消极性。想要积极地发挥这些活动的德育功能，就必须要从德育课程的教学理念入手，主动进行开发，具体来说，可以从以下几方面入手。

第一，大学生在高校学习中，所获得的思想道德方面的经验可以作为德育课程的教学内容，注重大学生实践活动在"知""行"方面的统一，为大学生构建一个良好的学习环境。

第二，充分发挥大学生的教育主体作用，调动起学生学习的积极、主动性，并以积极的心态参与到高校德育活动实践中。

第三，要重视大学生的自我教育、自我管理和自我服务，并建立相关的机构，充分发挥出大学生在学校实务中的主人翁作用，为大学生建立一个积极健康的学习氛围。

第四，要看到学生的个性化，注重实行个别化教育，促进学生的个性化发展。

第五，要经常举办社会实践活动，积极展开与社会组织的合作，加强高校与社会的联系，实现学校生活与社会生活的价值统一。

总之,对大学生德育课程体系的开发,提高高校实践活动的德育功能,就必须要注重学生的主体性作用,让学校环境成为真实生活的一部分。

(二)隐形德育课程的设计

1. 各学科中的德育渗透

"各学科"是大学德育课程的重要组成部分之一,在全部教育活动中,它所占的比重最大。高校所设置的各项学科,包含多个教学目标,不仅要向学生传授知识,提高他们的能力,同时也要培养他们的思想道德。因此,要对各项学科教学充分进行利用,发挥出他们对思想道德教育的作用,全面提高大学生的思想道德水平。

在高校教学活动中,包含有多项隐性教育因素,包括教师的环境、教学组织形式、教学方法和师生交流形式等,都会对大学生的德育产生潜移默化的影响。需要注意的是,在学科教学活动中,会对大学生德育产生最大影响的隐性教育因素是教师自身的个性。大学生在高校的学习和生活中,与教师的交流较为频繁,因此学生的行为不可避免就会受到教师个性、品德和信念的影响。《教学的三要素》是俄国著名教学学家乌申斯基的著作,其在文中提出"在教育中,一切都应该以教育者的个性为基础,因为教育的力量只能从人的个性这个活的源泉流露出来。任何规章和纲领,任何人为的结构,不管考虑得多么巧妙和周密,都代替不了教育事业中的个性……教育者个人不直接作用于受教育者,就不可能有真正渗入性格的教育。只有个性才能作用于个性的发展和形成,只有性格才能养成性格。"

2. 校园文化建设

校园文化融入在校园生活的方方面面,其对高校教育环境也有着重要的影响,在高校隐性教学因素中占有重要的地位,对大学生德育影响较大。因此,高校必须要注重对校园文化的建设,加强对校园文化的管理,有意识地将其设计为一项隐性课程,提高校园文化的德育功能。校园文化建设内容主要包括以下几点:

(1)精神文化

这里尤其需要强调的是"学校精神"。学校精神不是一般意义上的精神文化。精神文化外延更广,具有多极性;而学校精神则是校园文化的最高境界。它的集中体现就是校训。学校精神以隐性课程的面目出现,通过创设一种能唤起大学生高尚情感,激发他们健康成长的文化环境、教育情境,来感化和陶冶大学生以达到深层次的道德教育效果。它具有六大特点:即目的深层次性、要求隐蔽性、过程渗透性、作用持久性、文化排异性和传统继承性。建构学校精神,对内可以创设出一个积极健康、团结向上的教育环境;对外则体现学校的魅力和个性,表达了学校的办学理念和目标追求。

(2)物质文化

学校建筑设计整洁、大方,有利于培养大学生开阔的胸襟;校园建设得井井有条,实现美化、绿化,有助于陶冶大学生健康的心灵。校园本身就是一个"道德教育场",在这个场中,学校领导、教师和大学生都是"主角"。就三者的空间位置来看,隐含了许多教育因素。校长有专门的办公室,教师一般设有集体办公室,而大学生则占据着更少的空间。这种布局无疑在"告诉"大学生,要服从校长和教师,因为学校是他们的。就一般道德教育课堂教学看,教师站在讲台上,居高临下地以道德权威的身份来"教育"大学生。这实际上等于预先肯定了教师的道德榜样地位,大学生则只是一个被动的、被要求是虔诚的道德学习者。总之,学校的物质环境起了一种"无声的语言"的隐性教育作用。

(3)制度文化

学校作为一种"社会组织",其不同的组织方式,会对受教育者产生不同的影响。从我国学校的实际组织领导方式来看,如下问题应引起注意。第一,表面上我国学校设有教务处、教导处、总务处等部门,其下又有科、室等,看起来分工有序,但可能使大学生感到办事机构烦琐,效率低下,产生厌恶情绪。久而久之,会形成不思进取、消极等待的被动性格。第二,目前许多学校的行政管理人员尤其是总务人员是由非教师担任的。他们缺乏教育理论,整体素质不高,但手中的权力却比较大。这就可能会使大学生产生"读书无用"的观念,从而对学习本身失去信心。第三,我国学校组织方式受社会政治体制的决定,民主参与不够,过分强调集中,这不利于培养大学生的民主意识。此外,课程表的设计是否合理,评价制度是否完善也会影响大学生道德价值观念,从而影响其道德社会化的进程。

3. 公正团体建设

柯尔伯格是美国著名的道德教育家,他创立了一种极为有效的隐形德育课程设计方法——公正团体法。从理论上来说,柯尔伯格的道德发展理论取得了很大的成功,但是却在具体实践的过程中遇到了难题,以至于很多人对柯尔伯格的道德的道德理论产生了怀疑的态度。这种情况在 1969 年出现了变化。那年夏天,柯尔伯格在访问了以色列在聚居区的学校之后,产生了一种新的德育教育想法,即设置一种隐性课程,建立一种公正的环境和氛围,通过团体的讨论使大学生自主地形成道德判断水平。对于这种德育教育想法,柯尔伯格提出:"在学校继续研究了几年,使我的观点逐渐改变,而与大部分对我所做的批评——道德教育不只是推理而已,尚需注意行动问题;又不应只是处理假设的两难困境,尚需处理'实际生活'(real-life)的情况——比较接近。这使我除了注意学校的正规课程以外,更加注意其'潜在课程',并且使我形成参与式民主(participatory democracy)或'正义的社团'的概念,以此贯穿道德讨论和道德教育的实施,才能更臻成功。"①

在以后的时间,柯尔伯格及其他的学者经过了大量的研究,

---

① (美)柯尔伯格著;魏贤超译. 道德教育的哲学[M]. 杭州:浙江教育出版社,2000,第 147 页.

并最终提出了一种新的隐性德育教育方法，即所谓的公众团体法。该方法使用的具体方式是，依据公正团体建设的基本要求，将学校变革为一种"公正团体"，使其成为一个充满民族道德氛围的场所，由师生共同管理。具体的实施要求主要有四点。

第一，由学校进行引导，直接进行民主管理。每周举行一次团体碰头会，对提交的重要问题进行讨论和决策。需要注意的是，所有团体成员在碰头会上都只有一票，不论是教师还是大学生。

第二，由学校带头进行组织，建立一些固定的委员会，让教师、家长和大学生共同参与进来。

第三，在团队的各个成员间应形成一定的社会契约，以此对每个团队成员的权利和义务进行规定。

第四，处于团队中的各个成员间都享有同等的权利，不论是教师还是学生，具体来说成员所享有的权利主要有，自由发表意见、尊重他人、禁止身体和言语上的伤害等。

在柯尔伯格看来，使用这种方法管理学校是最为公正的，这是因为这种管理方式不仅直接民主，而且所得出的道德决议可以被大学生所理解和接受。对于高校教师来说，其职责并不是要把高阶段的道德推理直接强加给大学生，从而取得大学生的认同，采用这种公正团体法，就可以让大学生从心理上认同这种道德决议，并自觉遵从，也只有达到这种效果的学校才可以被称为是"公正团体"。

在提出了使用公正团体法提高高校德育之后，柯尔伯格还展开了一系列的试点活动。在实际操作过程中，尽管试点活动遇到了一些困难，但不可否认的是，这是一种提高大学生思想道德素质的新方法，其需要运用整个学校的力量来建立一种隐性德育课程。《道德发展与教学》是美国著名道德教学学家哈什的著作，在书中他对公正团体法表达自身的看法，他认为"要在整个学校的层面上（即使是一个小型的变通学校）处理问题，要比产生在单独一个教室里的问题，难应付得多。重要的也许是，我们认为发展性道德教育已进入另一个里程碑，重点在于道德讨论与其他教育目标的整合。这可能包括重新赋予生机的课程中来学习学科的内容，和做一个民主社会的公民时学习如何承担责任。这两方面都还是尝试性的，因为有关的细节刚刚才产生。我们相信，它的命运完全要看行政人员和教师在追求建立一个更合乎正义要求的学校时，是否有意愿采取这种方法了。"①通过后来高校对柯尔伯格所建立的公正团体法的实际运用，证明了这种隐性德育课程建设方法在提高大学生思想道德修养方面确实发挥了很好的作用。

四、大学生德育课程的实施

从总体来看，当代大学生德育课程实施的基本过程似乎是一个源自教育者，通过当代大学生德育课程为中介，流向受教育者的一种无穷反复的运动过程。有研究者曾提出：思想政治教育过程是一个大的动态系统，由四个子系统构成，即思想政治教育者的意识活动过程、思想政治教育者的实践活动过程、思想政治教育对象（受教育者）的意识活动过程、思想政治教育对象的实践过程。从一个完整的思想政治教育过程来看，思想政治教育的整个活动过程都是从教师的意识活动来开始的，而终点则是教育对象的实践活动。从思想政治教育活动的持续开展来看，思想政治教育的整个过程是循环往复的，依次为教育者的意识过程——教育者的实践过程——教育对象的意识过程——教育对象的实践过程——教育者的意识过程。这种模式虽然能从总体上、从理论抽象层面、从静态角度把握思想政治过程（包括德育课程实施过程）的全貌，但是，由于当代大学生德育课程诸种教育因素的复杂性，这种德育过程模式就难以从具体的、动态的、多视角地揭示现代德育实施过程的复杂和权变性。当代大学生德育课程实施过程

---

① （美）哈什著；单文经译．道德发展与教学［M］．台北：五南出版社，1986，第82页．

的基本过程有待于进一步作具体分析。

首先，当代大学生德育课程的实施尽管发源于教育者，但是在实施过程中，受教育者并不是一张"白纸"，可以由教育者任意涂抹。事实上，受教育者在接受一定的德育课程之前，总是存在着这样和那样的有关德育课程实施过程的一系列观点和看法，这些观点和看法有些是与德育课程实施方向一致的，而有的却不一致，甚至与德育课程实施的方向相悖。这样，在德育课程实施之前，受教育者就对德育课程实施在认识和行为上都存在着一定的问题，从心理学上来说就是大学生存在着较为复杂的"心理定式"，这对德育课程的实施会产生一定的影响，因此高校在进行德育课程建设的过程中必须要对这个问题引起重视，找到解决的办法。一些研究者从这个角度出发，就提出思想政治教育的整个过程，就应被看作是一种思想转化的过程，这种转化指的就是教育对象自身思想政治观念由一极向另一极变化的现象，是教育对象思想政治观念的一次"飞跃"。而思想政治教育过程就是推动教育对象将错误的认识转化为正确的认识，将后进的思想转化为先进的思想，将陈旧的观念转变为新颖的观点，将迷信的意识转化成为科学的意识。将思想政治教育过程归纳为思想转化过程虽然不能揭示德育课程实施过程的全部，但是它却在一定意义上否定了一个传统的观点，即教育者或是受教育者的意识活动都可以成为德育课程实施的起点。从上述中我们已经看出，德育课程的实施所针对的受教育者，并不是没有任何道德观点的白纸，而是已经具有了一定的思想道德基础。因此，对于德育课程实施的理解，从原来的观点认为是对受教育者进行教育的过程，可以转为将其理解为是一种"切入"已经有一定的思想道德观念的受教育者生活的过程。实际上，从开始实施德育课程，教育者和受教育者之间就成了一种相互交流与沟通，相互影响，相互支持的复杂关系。

其次，由于德育课程实施中的受教育者是存在着一定思想道德观念的受教育者，那么，在实施过程中，当代大学生德育课程信息在实施过程中就不仅仅是一个从信息"高位"向信息"低位"的自然流向过程,在德育课程实施过程中,尽管教育者通常都占据着德育课程信息的"高位",但是在具体的德育课程开展的过程中也会受到受教育者本身的阻挠。这种阻挠主要表明了两个问题:第一,由于"先入为主"观念的存在,因此受教育者本身已经存在的思想道德观念会对教育者教授的德育观念产生自然的抵抗现象;第二,表明人的思想道德观念的最终形成是一个持续的极为复杂的过程,并不是仅仅通过一次德育课程教学的实施就可以最终完成的,必须要通过多次德育课程实施,在教育者和受教育者思想观念不断磨合的过程中来逐渐消除这个阻挠因素,从而最终得以帮助大学生树立起正确的思想道德观念。

一些专家学者对德育课程实施所遇到的阻挠因素进行了系统的研究分析,最终发现,当前大学生德育课程实施遇到阻挠的情况极为普遍,达到了 67.53%。出现这种情况的原因主要有三个。第一,受教育者本身的思想道德水平不高,因此德育课程教学状况不佳,这种情况达到了 43.59%;第二,在新的时代环境下,受教育者的思想观念出现了新的变化,传统的德育教育者为其传递的思想道德观念已经不能适应新的情况,这种情况达到了31.39%;第三,教育者为受教育者所传授的德育课程,不是受教育者价值观养成过程中所真正需要的,这种情况达到了 25.02%。学者经过研究还发现,受教育者接受德育课程教授的过程中,会将所学到的内容与自身在社会环境中所学到的思想道德内容相比较,以此判断在德育课程中所学到知识的真实性及实用性。在进行对比后,如果发展在德育课程中与社会中所接触到的思想道德观念一致,那么就会认同德育课程所教授的这部分内容;但是如果发现二者有不一致的地方,那么很可能就会对德育课程教授的思想道德内容产生排斥,从而影响德育课程的实施效果。尽管这个研究的结果的信度和效度有待于进一步检验,但是它确实反映了在德育课程实施过程中存在着"阻抗"这种客观事实,因此,当代大学生德育课程实施的流程不可能是一个由信息"高位"向信息"低位"的自然流程,也就是从教育者向受教育者的自然流程,而是自始至终都发生着复杂的思想观念的矛盾对抗。

最后,德育课程实施的过程并不是一个循环往复,依次展开的过程,在每一个过程中都有可能产生新的因素,出现新的成分。在德育课程实施之前,每一个教育者都会对自己德育课程实施过程有一个预期,但是,在具体的德育课程实施过程中,教育者和受教育者的双向互动活动很有可能打破教育者的预期,而呈现出一些新的变化特征。即在每一次德育课程实施过程中都有可能出现与课程设计者和实施者预期完全不同的新东西,正是这种新的东西的出现,改变原有的德育课程实施的流程,使德育课程实施的方向、内容和进度等等发生诸多的变化,从而改变德育课程实施的流程。

第二节　主题德育课堂教学评价研究

大学德育课程是现代课程中最能充分体现统治阶级意识形态的课程,选择什么样的课程内容和学习经验,以及用什么组织形式对这种课程内容和教育经验进行组织,这直接关系到党和国家意识形态的主导性和课程的方向性问题。现代大学生德育课程形式多种多样,包括显性德育课程和隐性德育课程、学科德育课程和活动德育课程、直接德育课程和间接德育课程等,德育课程的复杂性就给德育课堂教学评价带来了困难。因此,如何对大学生主体课堂教学进行正确、恰当的评价,已经成为当前大学生德育教学所面临的一个重要问题。

一、大学生德育课程的设计评价

当代大学生德育课程设计评价主要包括两种类型评价,即科学性评价和价值性评价。所谓科学性评价即根据社会发展要求,根据学生身心发展特点,根据各种类型课程本身特点对当代大学生德育课程设计进行评价的过程。所谓价值性评价即用统治阶级意识形态标准对当代大学生德育课程设计进行评价的过程。当代大学生德育课程作为适应现代课程观念和现代德育内容的课程组织形式,能否很好地体现社会主义学校德育目标要求,其课程内容能否更好地体现马克思主义意识形态要求,其课程设计是否建立在辩证唯物主义和历史唯物主义基础上,就成为当代大学生德育课程设计过程评价的重点。下面,我们从显性和隐性两个层面,具体分析当代大学生德育课程设计评价的一些问题。

(一)显性德育课程评价

1. 学科德育课程设计评价

某一门课程或者一类型课程是否具有德育课程的潜在价值,并不仅仅取决于课程所包含的内容是否具有德育的成分,而且表现在其课程教授过程之中,如果在课程内容的教授过程中,教育者仅仅把课程所包含的德育成分,作为一种知识性的教育内容,作为一种"关于思想道德"的知识的传授,尽管课程内容存在着德育的成分,其课程内容所具有的功能至多也只是充当了知识教育或者是智育的效果,而没有达到德育的效果。而只有把这种"关于思想道德"的教育转化为真正对学生思想道德素质形成和发展起积极促进作用的教育性因素,才能真正使德育课程的潜在价值转变为现实价值。因此,评价任何一门课程的德育价值的标准,并不在于其课程内容是否存在德育方面的成分,而只能是其在现实课程运动中的客观表现。这样,就给直接学科德育课程提出了一个关键性的问题。直接学科德育课程作为专门培养学生思想道德素质所设计的专门课程,从课程内容上看,是统治阶级意识形态的集中体现,反映了统治阶级对教育的目标和期望,具有丰富的德育成分,但是,如果仅仅把直接学科德育课程作为一种纯理论性课程、知识性课程,演变成"关于思想道德"的知识教育,直接学科德育课程不仅发挥不出主导性作用,而且会丧失作为德育课程的特点。因此,对直接学科德育课程的评价的标准主要依据其在德育过程中的现实作用来进行评价。

2. 活动德育课程设计评价

活动德育课程既不同于传统意义上的课外活动,也不同于学科德育课程(学科德育课程往往以一定的课程的形式出现在学校课程计划和课表中),更不同于为了达到某种德育目的或目标而进行的行为训练。它具有主动性、参与性、活动性、自发性和民主性等特点,因此,在活动德育课程评价过程中应坚持这些基本的原则。活动德育课程的评价并不是或者不仅仅是对活动课程的效果的评价过程,而是对学生活动进行系统评价,按照现代活动德育课程标准对学生在校期间的活动进行综合评价,逐渐使学生在日常生活中的自觉或不自觉、有意识或无意识行为和活动,向着具有真正德育价值的活动性课程转化。从这个意义上说,唯有当代大学生德育课程评价这个环节存在,现代活动德育课程才能够成为真正意义上的德育课程。

3. 显性德育课程体系的总体设计评价

在学校学科课程总体中设计什么样的课程体系,学科德育课程以什么样的方式和排列顺序呈现在学生面前,不仅深刻地影响着学生思想道德素质的形成和发展,而且其本身也暗含着一种价值取向,影响着学生对学科德育课程的评价。学生在学校期间接受教育的过程是一个在一定时间范围内以渐进的方式逐渐积累的过程,因此,作为学校教育的总体必须考虑以什么样的程度和进度开设一定的显性课程,这些显性课程以什么样的排列组合方式呈现在受教育者面前。这个问题是如此之复杂和重要,成为全部人类教育史上都不能回避的最现实最敏感的话题。"教育是一项充满期望的活动,教育是一项理想的事业。任何民族、任何文化的上一代人向下一代人传授知识、技能、思想、观念、信念,都是上代人认为值得和应该传递给下一代人的,都是确信对下代人是好的、有用的,并且或多或少包含着他们对世界发展的理解和预测。也就是说,认为下代人不仅当下是有用的,而且对他们将来也是有用的"。

因此,教育活动中难以避免地存在着一定的价值取向。从德育课程发展历史来看,古代教育把"德行"作为最高的价值,所有课程设计都为这个目的服务,近代教育把"科学"作为最大的价值,所有的课程都围绕"科学"的价值、"理性"的价值展开,引发了目的性价值与工具性价值之争。现代教育领域关于教育是什么,教育什么,谁来教,怎么教等问题的争论不仅没有平息,而且愈演愈烈。无论是高等教育领域经久不衰的关于"专业教育"和"普通教育","职业教育"和"通识教育"的讨论,还是普通教育领域方兴未艾的关于应试教育与素质教育之争,都表明以什么样的显性课程来教育学生的争议未解决。而在学校显性课程总体中设计什么样的课程体系,显性德育课程以什么样的方式和排列顺序呈现在学生面前,不仅深刻地影响着学生思想道德素质的形成和发展,而且其本身也暗含着一种价值取向,影响着学生对显性德育课程的评价。如我国目前高校学科德育课程主要在学生低年级开设,并且广泛存在着任意压缩、精减学时的现象,这都给学生一种明确的暗示,这类课程不仅不重要,而且可以任意变更。因此,在整个学校德育课程体系中,其占主导性地位的学科德育课程的地位如何,是衡量学校德育课程的方向性的一个重要价值指标。

总之,对于显性德育课程设计来说,在我国,选择和确定任何一种类型课程都应坚持两个基本标准:一是任何一门具体学科课程都必须建立在马克思主义指导下,建立在辩证唯物主义和历史唯物主义科学的世界观基础上,以传播社会主义先进文化为主要目标。二是作为学校教育的总体必须考虑以什么样的程度和进度开设一定的学科课程,学校学科课程以什么样的排列组合方式呈现在受教育者面前,都要直接反映着社会主义意识形态的价值要求。

（二）隐性德育课程评价

从隐性德育课程设计情况来看,隐性德育课程评价维度主要可以从两个方面入手,一是从现代隐性德育课程构成要素进行评价,二是从现代隐性德育课程实施过程进行评价。对后者的评价过程我们将在实施过程评价中进行讨论。从隐性德育课程设计过程来看,隐性德育课程虽然构成十分复杂,变化多端,但主要包括三个方面的基本要素:第一,教科书中的意识形态因素;第二,存在于学校物质环境的教育性因素;第三,存在于学校精神文化环境的教育性因素。对这三个维度的评价虽然不能代表隐性德育课程构成要素的全部,但它直接关系到隐性德育课程的主要德育价值的实现。

1. 教科书的意识形态因素的评价

教科书是学校教育的基本材料,"一方面,教科书是绝大多数学生获得知识(间接经验——引者注)的最重要的来源,是教育内容的体现者";另一方面,"教科书又是一种重要的教学手段,它的任务是帮助学生掌握教学大纲严格规定的范围之内的基本科学理论,在教学过程中培养学生进行创造性独立思考的技巧,了解所学的学科,寻找并找到本学科所必需的信息。"因此,编定什么样的教学书历来是统治阶级非常重视的一个问题,也是现代课程评价的一个焦点问题。在教科书中不可避免地隐含着一定的意识形态的价值观念、政治观念、道德观念等,隐含着教材编制者的偏见和消极影响等方面的内容。那么,作为现代隐性德育课程评价过程,就必须对这种教科书中隐含的意识形态偏见进行清理,使之符合社会主义意识形态特点,符合社会主义思想道德建设的基本原则,积极传播社会主义先进文化。

2. 学校物质环境的评价

学校物质环境在隐性课程构成中是相对稳定和有形的"硬环

境",因而较容易确定其评价标准,而且能够形成相当精确的量化指标。各国的学校环境研究者在长期实验研究的基础上,先后提出了一些物质环境的评价指标,例如学校自然环境的选择,学校建筑物的风格、人均占有的空间标准、运动场地标准,校园绿化标准,教室内照明、采光、通风、温度湿度、色彩等标准,以及相应教育教学条件的配备等,但是,这方面的研究依然十分有限。我们认为,对学校物质环境的评价提供一个量化的指标是必要的,但是,量化指标体系的评价只是为当代大学生德育课程物质环境评价提供了一个基础,现代德育的物质环境评价更为重要的是对学校物质环境的德育功能的发现和解释,也就是评价一个学校在物质环境方面注入的教育因素。

对学校物质环境的评价并不单纯是对学校"硬件"状况的评价,而主要是评价一个学校对学校物质环境的利用程度,在客观环境中赋予了多少教育的含义。正是在这个意义上,一个物质条件相对比较简陋的学校,可以通过对物质条件的运用,使学校物质环境充满人性化的特点。同样,一个物质环境相当优越的学校,可能因其过分注重物质环境中"硬件",忽视其"软件"建设,使整个学校物质环境显得冷淡和充满技术主义倾向,起不到很好的育人效果。因此,对学校物质环境的评价的重点是对物质环境所赋予的教育意义的评价。其评价的过程,实质上是一个学校客观物质环境的重新解释和建构的过程。

3. 学校精神文化环境的评价

同学校物质环境相比,学校精神文化环境的评价机制显得更为复杂。精神文化氛围是一种能够确切感受到,但又十分难于通过量的方式来进行评价的隐性课程形态。对学校精神文化环境的评价一般采取"自然探究评价方法",即深入到被评价学校环境中,对学校日常生活进行观察、描述,对学校中的具有典型的事件、学校的规章制度、学校组织文化的气氛、人际关系以及学校的群体心态进行主观描述,并在此基础上,对学校精神文化环境进行一种总体的判断和解释,从中寻找出一些具有普遍意义的评价标准。虽然这种评价标准具有一定的主观性和易变性,但经过多次观察和评价,依然可以作为评价学校精神文化环境的重要指标。

当然,对当代大学生德育课程设计的评价过程并不是由对显性德育课程评价和隐性德育课程评价之和组成,当代大学生德育,由于显性课程和隐性课程的大德育课程观念的提出,已经把学校德育课程联系成为一个整体,当代大学生德育课程是作为一个整体对学生思想道德素质发挥作用,实现着"整体大于部分之合"的潜在德育功能的。对当代大学生德育课程进行评价不仅应从当代大学生德育课程构成要素来进行评价,而且应从整体上对当代大学生德育课程进行价值评价,使当代大学生德育课程设计更科学合理,其功能发挥更加完善。

二、大学生德育课程的实施评价

当代大学生德育课程实施过程是教育者和受教育者通过一定的方式和途径与现代课程发生一定的矛盾运动的过程。在这个过程中是否体现了德育的特点,是否具有一定的育德性,就必须对教育者活动、受教育者活动及其活动的方式进行评价。

(一)教育者及其活动的评价

当代大学生德育课程实施过程中的教育者是整个课程实施过程的发动者、组织者、支配者,在整个课程实施过程中居于主导性地位。如前所述,居于主导性地位的教育者在其课程实施过程中并不一定必然发挥着主导性作用,课程实施过程的基本规律显示,在课程实施过程中应把教育者的主导性和受教育者的主动性结合起来,提高教育者在课程实施过程中的主导性。提高教育者在课程实施过程中的主导性的方法和途径有很多,其中对教育者及其活动进行要素评价是重要的杠杆。

对教育者及其活动进行评价是德育课程评价的一个重要方面,其主要目的是为了促进教育者专业发展与教学效能的提高,一般来说,教育者评价主要分为行政性评价和专业性评价两种。所谓行政性评价是指对教育者的日常行为管理进行评价,而专业性评价则主要对教育者的业务和工作领域的水平进行评价。早期的教育者评价主要集中在对教育者的水平及个性评价,随着教育评价在欧美的广泛发展,教育者的评价的焦点已转移到对教育者责任的评价上来。当代大学生德育课程实施过程中教育者及其行为的评价虽然离不开对教育者的责任评价,但其主要评价领域侧重于教育者在课程实施过程中的态度和行为,因而,从某种意义来说,课程实施过程中的教育者及其行为的评价主要是一种态度的评价,正是因为教育者在课程实施过程中所持有的特殊态度及其行为表现,使得整个课程实施过程中具有一种道德的、人格的力量,使当代大学生德育课程的潜在价值转化为现实价值。

(二)受教育者及其活动的评价

当代大学生德育课程实施过程是教育者与受教育者与当代大学生德育课程发生双向互动的矛盾运动过程,而要使这种双向互动活动符合当代大学生德育课程要求,受教育者也必须具备一定的标准,才能实现其德育的价值。

1. 主动性

在当代大学生德育课程实施过程中,受教育者在客观上处于一种被领导、受控制和受教的地位,但是在课程实施过程中,受教育者并不是消极被动的。受教育者是教育过程中人的因素,在教育者与受教育者关系中,虽然受教育者处于一种被动地位,但是这种被动的地位并不是固定的、绝对的,而是发生变化的,受教育者在一定条件下也可以转化为现代课程实施过程中的教育者(如在自我教育阶段)。因此,受教育者的主动性发挥程度如何,是评价当代大学生德育课程实施过程中的价值性的一个重要指标。

2. 参与性

当代大学生德育课程是一种经验性课程观,受教育者在整个课程实施过程中所接受的教育性经验如何,在某种程度上取决于其对当代大学生德育课程的参与程度。参与程度越高,其接受的德育影响越丰富,而整个德育课程实施过程也越具有德育的价值。

3. 全时性

当代大学生德育课程是一种全天候、全方位的课程,德育课程实施不应局限于课堂教育环节,而是贯穿于学校生活的每一个方面,每一个角落,受教育者无时无刻不是在当代大学生德育课程所形成的"德育场"的范围内,与当代大学生德育课程发生着双向互动的关系,这种过程是全方位的,每时每刻的,时时都在接受教育。因此,受教育者必须在任何时候都投入当代大学生德育课程实施过程中,接受其影响。

4. 全面性

当代大学生德育课程的实施过程不仅仅是一个认识的提高、思维的发展过程,而且是一种情感的陶冶、意志的培养和行为的磨炼过程,要求受教育者全方位地投入当代大学生德育课程实施过程中。

总之,当代大学生德育课程实施过程中的受教育者在当代大学生德育课程实施过程中也不是一种消极被动的因素,而是一种积极的、活动的主体性因素,在当代大学生德育课程的实施过程中,受教育者不仅接受着现存的德育内容和成分,而且在与教育者和当代大学生德育课程发生相互作用的过程中,产生了新的德育课程因素。

（三）课程教育方式的评价

现代德育实施过程中不仅教育者与受教育者活动必须符合当代大学生德育课程基本原则，而且其实施方式也应具有德育性。即在德育课程实施过程中，应采取教育、教学的方式，不能演化为教育学术语的"灌输"。

灌输的特定含义，使之与教育和教学区别开来。教学的目的是在认知，亦即其结果是认知的获得，绝不似是而是非，真假倒错。可是灌输的目的，却往往是想有意甚至于恶意地形铸一种似是而非的信念或意识形态，使人盲从或顽强地信仰这些似是而非的假知识。教学的过程是合于认知的，理性的，是一种追根问底的开放性讨论，较重视思想方法的启示，而又不忽视真正的知识材料。但灌输的历程则是不合认知的，甚至于是一种宣传、欺骗、或洗脑的历程。为禁锢人心于某一特定的信念，只问目的，不择手段，无所不用其极。

因此，一种教学活动，如果它是一种真正的教学活动，而不是一种灌输，它必须满足一些基本条件，即在教学目的上，它是为了促进大学生的思维的发展，是在开启大学生的心智，而不是用某种特定的知识和观念来禁锢大学生的心灵；在教学内容上是能经得起批判、检验和比较评价的，是合理的有根据的；在教学方法和教学过程中是根据大学生身心发展特点和水平的，是与大学生的愿望和发展水平和能力相适应的。因此，从这个意义上说，教育、教学不等于灌输，通过教育、教学的方式来进行德育课程实施，不会导致道德灌输。

德育课程的实施方式应采取教育、教学的方式，教育学上对"灌输"与教育、教学的区别，为我们提供了进行当代大学生德育课程实施方式的评价标准。

三、大学生德育课程的综合评价

当代大学生德育课程的评价过程并不是当代大学生德育课

程设计和当代大学生德育课程实施过程评价的简单相加,而是由这些因素共同作用组成为一个整体在发挥作用,因此对当代大学生德育课程的评价不能仅仅局限于对影响高校学生思想道德的各种教育因素、教育影响、教育力量、教育因素的评价的简单相加之上,而应对当代大学生德育课程组成的一个整体进行综合评价。这样,对当代大学生德育课程的评价实质上就演变为对一个学校所构成的整体对大学生的德育性的评价过程。对学校德育活动的整体评价的涉及学校教育的各个领域,其评价机制更为复杂,我国《普通大学生德育大纲》为学校德育总体评价确定了基本原则,即"应坚持实事求是,采取科学方法和技术手段进行整体考核和综合评定,力求客观公正。应当以事实为依据,做到动态考评与静态考评相结合,定性考评与定量考评相结合,全面考评与重点考评相结合,阶段性考评与总结性考评相结合,教师考评与高校学生考评相结合。在考评过程中,要贯穿教育,注重实效。要激发高校学生参与的积极性,引导大学生进行自我评价、自我教育。"较全面总结了当代大学生德育课程总体评价的基本原则,为当代大学生德育课程的总体评价提供了依据。当代大学生德育课程的总体评价应依照现代德育的总体性,对学校的整体的德育价值进行综合评价。

当代大学生德育课程的评价是一件十分复杂和艰巨的工作,对于当代大学生德育课程这样一种多样性、复杂性及动态性的特殊课程来说,分析当代大学生德育课程评价的本质和特点,了解当代大学生德育课程评价的基本内容及评价过程和途径,只是为当代大学生德育课程评价提供了必然性和可能性,但是真正如何开展当代大学生德育课程评价,关键在于寻找出适合当代大学生德育课程特点的评价方法。

四、大学生德育课堂教学的评价方法

当前,对大学生德育课堂教学的评价方法很多,根据评价技术的不同,我们主要可以将这些评价方法分为量化评价法和质性评价法两类。

(一)量化评价方法

在现代课程评价开始实施时,最先使用的就是量化评价方法。随着测量学的产生和发展,人们开始对测量学产生兴趣,并在对教学现象进行评价的过程中首先从量的关系入手。在一定的时间段内,众多测量学家都持有这样一个观念,即"凡物之存在必有其数量,凡有数量的东西都可以被测量"。后来所产生的量化评价方法,也就是从数量关系入手,在对其进行分析和比较的过程中来判断评价对象实施效果的一种方法。由此可见,客观的数量关系是量化评价方法实施的基础,这对德育课程的评价提供了标准和前提。在对大学生德育课程评价的过程中,如果能够恰当使用量化评价方法,那么确实能够在一定程度上揭示出教育过程中存在的一些问题,因此在一定的时间内,量化评价方法在学生德育课程的评价中始终占据着重要地位。

直到现在,人们在对大学生德育课程进行评价的过程中,有时也会使用到定量方法。这是因为,在对大学生德育课程评价的过程中,无论是评价现代德育的价值,还是评价受教育者的价值,其都会存在一定的影响因素,且这些因素是可以通过量化方法来进行衡量的。需要注意的是,尽管量化评价方法在大学生德育课程评价中是不可缺少的,但是随着现代德育课程教学内容复杂程度的不断加深,仅使用这种方法已经不能再达到评价的目的。因此需要我们采用一种新的方法来对大学生德育课程进行评价,即质性评价方法。

(二)质性评价方法

随着我国改革开放程度的不断加深,以及我国经济多元化的不断发展,使得大学生的思想观念出现了一些新的特点,表现出鲜明的个性及发展的活泼性和丰富性。在这种情况下,对大学生德育课程的教学评价,如果仍是采用量化的评价方法,用抽象的数字来对教学的效果进行描述,那么必然会造成课堂评价的僵化和表面化。一些研究者认为,大学生德育课程评价是一个极为复杂的教育活动,如果只是单纯采用量化评价方法来对课程进行评价,那么无疑是将复杂的问题简单化了,或者是说只是对教学现象简单进行了评价,这种评价方式忽略了教育中最具有价值和意义的东西。为了避免这种情况的发生,一些学者就提出要用质性评价方法来对大学生德育课程进行评价,该种方法具有全面、深入和真实的特点,因此受到了人们的普遍欢迎。我们已经知道,大学生德育课程是一项特殊课程,其并不是以认知领域为主,因此当前对大学生德育课程的评价主要采用的就是质性评价方法,其受到了人们的广泛关注,甚至于在德育课程标准就明确提出了多种质性德育课程评价方法,包括观察、描述性评语和成长记录等。

　　质性评价方法,指的就是通过自然的调查,对评价对象的各种特质进行全面的揭示和描述,然后再对其进行科学构建并进行合理解释的一种评价方法。应当明确的是,质性评价方法是一种过程性评价,而不是总结性评价。这是因为,该评价方法是对事物的本质和基本特征进行解释性的评价,其最终的评价目的并不是对教育目标的实现程度进行检验,而是对整体的教育过程进行构建和解释。质性评价方法的特点如表5-1所示。

表5-1　质性评价方法的特点

1	评价环境	在自然环境而非人工控制的实验环境中进行研究
2	评价者的角色	评价者本人是评价的工具,不使用量表或其他测量工具
3	收集资料的方法	开放型访谈、参与型和非参与型观察、实物分析等
4	结论和理论的形成方式	归纳法,在资料的基础上提出分析类别和理论假设
5	理解的视角	主体间性的角度,通过评价者与被评价者之间的互动理解后者的行为及其意义解释
6	评价关系	评价者与被评价者之间是互动关系,要考虑评价者与被评价者这种关系的影响

质性评价方法并不仅仅是一种"定性的评价方法",也不排斥量化方法的使用。在本质上说,它是在一定量化基础上的定性的评价,一种新的对人文科学和社会科学解释和评价的方法。质性评价方法和传统的定性评价方法具有根本的不同,在某种程度上,它是在对量化评价方法的批判和反思基础上形成的一种新的课程评价的方法。在国外课程评价发展历史上,质性评价方法被称为课程评价的"第四代"和课程评价的"新典范"。

第六章　主题德育与教师素质的关系探究

高校教师职业道德的养成是高校教师道德实践活动最重要的形式,是对高校教师的职业道德品质进行培养、陶冶和塑造的过程,是高校教师在教育教学过程中的再教育,对提高高校教师的职业道德素质和进一步加强和改善高校教师职业道德建设具有重要的促进作用。

第一节　高校德育教师的职业价值观

爱国守法、敬业爱生、教书育人、严谨治学、服务社会、为人师表是我国全面提高高校教师职业价值观的重要方面,这不仅是对新时期我国高校教师职业道德的规范,也是促进高校教师养成良好职业道德的重要引导。

一、爱国守法:高校教师与国家关系的职业规范

(一)热爱祖国,全面贯彻教育方针

1.爱国主义师德要求

(1)热爱祖国的大好河山

作为炎黄子孙,我国幅员辽阔、物产丰盛,壮美的河山构成了我们赖以生存的家园。一个人要爱国,首先就要爱养育他的土地,时刻将"爱我家乡""保我国土"的理念放在心中,自觉自愿地担负起维护国家领土完整和安全的重任。

不难发现,近年来,环境问题日益成为全社会共同关注的话题,人类的生存环境日益恶劣,自然资源被大量消耗,这一现象亟待改变。为了保护我们的家园,实现不损害子孙后代利益的可持续发展,我们应该在党中央的领导之下以科学发展观为指导进行发展。在追求经济效益的同时将环境效益置于重要位置,转变经济发展方式,大幅度有效提高资源的利用效率。此外还要倍加珍惜祖国的大好河山、田野矿藏,在"保护环境、人人有责"的宣传标语的带动下行使好自己的权利和义务,不乱砍滥伐,不竭泽而渔。

(2)热爱自己的骨肉同胞

在几千年的人类进程中,勤劳、勇敢的中国人民在不断摸索与实践的过程中缔造了灿烂的中华文明。人是国家得以形成的必要条件,是一个国家发展的主体,也是社会进步的主要推动力。国家和人民休戚与共,是紧紧联系在一起、不可分割的共同体,从根本上说热爱祖国就是热爱生活在这片土地上世世代代繁衍不息、为祖国的繁荣和富强做出突出贡献的各族人民,因此我们说爱国必爱民、爱民定爱国。一个人对骨肉同胞的感情决定了其在社会中的价值取向和行为模式,与其道德素质关系密切。

(3)热爱祖国的灿烂文化

中华民族的灿烂文化不仅是世界文化园林中的瑰宝,更是中华民族不断延续的根基,这些文化如"胎记"般深深烙印在中国人民的身上、流淌在血液里,成为培育民族心理、民族性格和民族精神的"摇篮"。

爱国主义的基本要求就是要认同并且热爱本民族的优秀文化。一个人无论走多远,无论与自己的祖国和同胞多么隔绝,中华民族灿烂的文化形成的认同感都会将彼此的心连在一起,即使跨越千万里,也会有一颗"中国心"。

(4)热爱自己的国家

祖国与国家并不相同,二者是包含与被包含的关系,前者包括一个民族及其生存与发展的自然环境和社会条件,后者是一个政治权力机构。国家是一个民族生存与发展的强力后盾,无论在什么时代或者社会制度之下，只有国家存在，才能维护社会稳定和秩序。

爱国家是爱祖国的必然要求。国家是否兴旺发达关乎国民是否安居乐业、关乎着社会是否和谐稳定。在实力雄厚、欣欣向荣的国家中，社会的经济、政治、文化等各个方面都呈稳步发展态势，人民生活日益富足；在衰败落后、毫无生机的国家中，社会动荡不安，人民穷困潦倒，甚至流离失所。国家与国民是一荣俱荣、一损俱损的关系，只有认识到国家之于每一个国民的重要性，打心底里热爱自己的国家，不遗余力地建设国家，才能实现国家的大发展、大繁荣，才能构建社会主义和谐社会，同时提高自己的生活水平。

2. 全面贯彻教育方针

教育方针是党和国家在一定时期内根据当前的教育环境以及特点制定的针对教育活动的总方向，详细阐述了教育的根本性质和发展目的，以及实现这一目的的根本路径。

新时代背景下我国教育工作的目标是培养德、智、体等方面全面发展的社会主义事业的建设者和接班人。个体的德、智、体等方面是针对人的基本素质论述的，这几个方面相互联系，是个体成为完整的人的必备素质。在新的时代背景下，社会主义教育的基本任务就是使受教育者具备全面发展的人的基本素质，包括德、智、体等方面。也就是说，要使受教育者在政治方向、思想观点、道德品质、行为习惯等方面达到基本的要求，掌握现代科学文化的基本知识和技能，具有良好的身心素质和健康的体魄。

高校教师的辛勤劳动是培养社会主义建设人才的必备条件。只有当高校教师能够深刻认识到自己的辛苦付出对于培养祖国未来建设者——大学生，对于社会主义现代化建设的重要意义，才能深刻体会到作为一名人民教师的无限光荣感和荣誉感，也就更加热爱本职工作。同样，在这种热爱本职工作的强烈情感的影响下，面对教育工作中的任何困难险阻，才会迸发出无限的激情和克服困难的勇气，认真负责地做好本职工作。所以说，高校教师必须在教育教学工作中培养热爱本职工作的深厚感情，真正热爱学生，才能成为一名合格的高校教师，也才能获得事业的成功发展。

（二）遵章守纪，依法履行高校教师职责

1. 提升境界，模范遵守国家法律

高校教师能否在教育教学活动中做到依法执教，取决于高校教师的法律意识的强弱和守法境界的高低。因此，提高高校教师的法制观念和守法境界，是依法执教的基础性、先导性工作。守法是要求公民的行为不逾越法律的边界。而公民的这种守法又表现为强制守法、自觉守法、将守法视为自身的道德责任等不同层次。强制守法是出于对法律威严的恐惧而不得不做出的行为，这很难使守法行为长期保持下去。自觉守法是指由于理性上认识到守法的必要性而对法律的自觉遵从。将守法视为一种道德责任，就将守法由从外在的必须转变成了内在的自觉。在这一境况下，公民对法律的遵守就获得了可靠的保障。所以，作为高校教师，应该努力提升自身的守法境界，自觉加强法制学习，把学习掌握同教育相关的法律法规知识与专业知识同等重视，完整准确地理解《未成年人保护法》《宪法》等规章制度的精神实质，树立全面依法执教的观念。

2. 要正确认识和处理教育法律法规与教育规律的关系

科学地进行法律法规教育不仅体现国家意志，也是符合客观教育规律的。因此，教育规律在教育法律法规中得以体现。但是，教育法律法规对教育规律的反映和体现是抽象和有限的，如果用教育法律法规完全代替教育规律，就无法解决好教育过程的许多实际问题，因此高校教师必须在法律的框架内，充分运用教育规律，创造性地开展各项教育活动，使依法执教落到实处。

3. 要在实践中自觉坚持和维护教育法律法规

高校教师不仅教书育人,更是学生的榜样和模仿的对象,一举手、一投足,于潜移默化中对学生产生深远影响。因此,高校教师要率先垂范,在教育教学实践中遵守宪法,自觉坚持和维护教育法律法规,成为学生遵纪守法的模范,为维护法律权威,建设法治国家,培养中国特色社会主义建设者和可靠接班人贡献自己的力量。

二、敬业爱生:高校教师职业价值观的主题

(一)敬业:新时期高校教师从业的必然要求

1. 乐教敬业的重要性

(1)乐教敬业是当今世界各国对教育者的普遍伦理要求

乐教敬业是当今世界各国对教育者的普遍伦理要求,也是我国社会对广大高校教师职业道德的基本要求。在日本,学生心目中"理想教师"的条件有 13 项,其首项条件就是"热爱教育",而其他条件则大多是由此派生出来的。美国教育工作者的职业誓言《教育者誓词》是这样说的:"我在此宣誓,我将把我的一生贡献给教育事业。"同时,美国还制定了 26 条"优秀教师行为守则"。这些守则内容具体,有较强的操作性。细细加以分析可知,这 26 条守则条文实际都是教师献身教育、乐教敬业精神在教育工作中的具体体现。加拿大则从以下 7 个方面对教师的乐教敬业精神提出了具体要求:教学工作的计划和准备方面、师生关系方面、班级的组织管理方面、教学和教育方法方面、教师自身的专业提高方面、为学校服务和贡献方面以及学科内容的丰富化方面。可见,乐教敬业已成为世界各国对教师职业道德的基本要求。

(2)乐教敬业是高校教师在岗位上有所作为的基本保障

乐教敬业是教师的内在要求,只有打心底里热爱自己的职业

和学生,才能自觉履行社会责任和义务、才能积极面对工作和生活中的各项困难和挑战、才能勇于攀登知识高峰并不断提高自身的业务能力,从而在岗位上有所作为,赢得他人的尊重。

(3)乐教敬业是高校教师生命价值的体现

教育事业的成功不仅需要教师具备专业的素质,更需要教师赋予生命激情和热情。在教育实践工作中,教师不仅要合理地处理好个人与事业、个人利益与国家利益的关系,更重要的是教师要明确个人发展的方向。教师在"乐教敬业"的实践过程中,一方面把"乐教敬业"的道德规范转化为个人的道德理想,另一方面,在这一道德价值观的支配下,教师的思想境界得到了升华,能够把全心全意为人民服务作为自己的人生价值,并且体会到这种人生价值带给个人的生命活力和人生幸福。

2. 乐教敬业精神的实践要求

(1)教书育人,尽职尽责

毋庸置疑,高校教师的本职工作就是教书育人。高校教师在实际教学活动中能否自觉完成教书育人的职责,培养出合格人才,是衡量高校教师师德修养高低、优劣的重要标准。可以说,教师的基本职责就是为国家、为社会培养人才,就是育人,教书只是实现这一目的、履行自身职责所不能不选的手段。教师的乐教敬业,实际上是对教书育人职责的肯定和认可。因此,只有从教书育人的要求出发,高校教师在教育实践活动中做到科学教授学生,培养学生的思想品德,促进学生全面、健康发展,才能充分体现教师的乐教敬业的精神。

(2)精业勤业,努力探索教育规律

教育工作是一项长期的、艰苦的、需要耗费大量心力的工作,这一特征决定了高校教师需要有对工作高度负责的事业心和成就事业的进取心,需要有特别能吃苦、特别能战斗的勤勉精神。新时代背景下,由于国内外环境的影响以及学生自身特点的变化,整个教育教学体系发生了变革,包括课堂教学方式、学生学习方式以及学校日常管理模式等等。面对教育界的大变革,要想切实推动教育教学实践深入发展,高校教师就要不断研究新的教学方法,更新教育理念,摒弃传统教育教学中的陈旧思想,树立现代教学意识,努力探索新时期高等教育规律,着力提高大学生的思想道德素质和科学文化素质。

(3)淡泊名利,育人为乐

古往今来,虽流芳百世、为人津津乐道的良师众多,但教育界也不乏一些贪图名利、"私"字当头的害虫。在现代社会中,倡导乐教敬业的师德规范并没有否认教师获取正当、合法的利益,而是要求在遵循国家法律法规的前提下,遵循教师职业操守,通过自己的辛勤劳动获取合法利益。此外,教育事业的成败从根本上来说关系着整个民族的发展,关系着整个国家的切实利益。所以当教师的个人利益与国家利益、集体利益发生冲突的时候,要发扬"淡泊名利"思想,以国家利益和集体利益为重。

(二)爱生:新时期高校教师职业价值的崇高体现

1. 高校教师关爱学生的意义

第一,关爱学生体现了社会主义人道主义精神。作为社会主义的伦理原则和处理人际关系的一种道德规范,社会主义人道主义精神主要表现在尊重人、关心人、爱护人等方面。因此,高校教师关爱学生一方面体现了对学生尊严、人格的尊重,更表现出了高校教师对学生身心的关爱。

第二,关爱学生体现了社会主义的教育本质。社会主义教育的方针是培养具有德、智、体、美等方面全面发展的社会主义现代化的建设者,为振兴民族、强大国家提供强大的人才力量。高校教师在教育教学实践中,只有真正发自内心地去关爱学生,才能做到尊重学生,和大学生之间建立亲密的师生关系,也才能以最深厚的职业情感从事自己的教育事业,为培养在品德、智力、体质等方面全面发展的大学生尽职尽责。可见,从根本上来说国家和人民对高校教师的根本要求就体现在关爱大学生方面。

第三,关爱学生蕴含着社会主义法律义务。教师关爱学生不仅是教师职业道德规范的重要内容,也是《教育法》《教师法》等教育法律法规对教师的法定要求,这些法律条文说明了教师关爱学生是必须履行的法律义务。

2. 高校教师关爱学生的基本要求

(1)明确学生学习的主体地位,让学生学会学习

学习在人类的发展过程中起着至关重要的作用,一个人、一个民族要进步,就必须不断学习、不断汲取新的知识。对于高校大学生来说,学习是其最重要的事情。告别了忙碌的高中时代,外松内紧的大学生活给大学生带来了新的挑战。不同于以往紧张的学习氛围和有老师、家长催促管理的学习环境,大学里的学习全凭自觉,这就需要高校学生明确自己学习的目标、端正学习的态度、对以往的学习方式加以改进,主动、积极地进行学习。基于此,高校教师要深谙大学生的这一特性,在教育教学过程中,将学生置于主体地位,注重培养学生养成正确的学习方法,使其学会学习,这样才能取得更好的教育教学效果。

(2)培养学生的学习兴趣,提高创新能力

在经济高速发展的今天,创新已经成为推动经济乃至国家发展的根本力量之一,而兴趣就是创新的一个重要动力,因此,高校教师在教育教学实践活动中应该正视并培养学生的兴趣,并激发学生的学习兴趣,以此为驱动,来培养学生的创新思维和创新意识,提高学生的创新能力,鼓励大学生进行创新,为大学生塑造出良好的创新学习氛围。

(3)增加师生交流,培养师生感情

随着时代的发展和进步,虽然"尊师重道"仍然焕发着其不朽的价值,但古代"师道唯尊"的观念逐渐被舍弃。新型的师生关系讲究平等尊重、尊师爱生、教学相长、和谐相融,他们不仅是传统意义上的师生,更是生活中的朋友和亲人。师生关系对学生的学

习和教师工作的开展具有至关重要的作用,良好的师生关系可以在潜移默化中激发学生的学习积极性,使其乐学、勤学、善学;不好的师生关系则会增加学生的厌学情绪,致使学生成绩下降、教师教学成果不显著。因此,在学习和生活中,增加与学生之间的交流与沟通,培养彼此之间的感情是高校教师必须予以重视并且付诸行动的重要方面。

三、教书育人:高校教师的使命与职责

(一)教书育人的内涵

教书是指教师传授学生知识和技能的过程,育人即在这个过程中把学生培养成全面发展的人。育人不只是单方面地培养学生的思想品德,还包括学生智力、体质方面的发展。所以从根本上来说,教书育人是指教师在其职业活动中,既要向学生传授科学文化知识、技能,又要培养学生具有良好的思想品德和身心素质,把他们培育成全面发展的人才。

(二)教书育人是高校教师的天职

1. 教书育人是高校教师职业道德体系的核心

教书育人在高校教师职业道德体系中处于核心地位,高校教师是否热爱自己的本职工作,能否忠诚党和人民的教育事业,是否爱岗敬业、忠于职守,能否全心全意地投入到教育工作中,无不在是否教书育人这个基点上反映出来,教书育人是衡量和检验高校教师道德水平高低的基本标志。因此,高校教师只有将教书育人作为自己的根本任务,才能自觉遵守和全面履行各项高校教师职业道德规范。

2. 教书育人是高校教师实现人生价值的途径

人生价值是自我价值和社会价值的统一,是个体在社会生活

中通过劳动创造出满足社会和他人需要的活动。自我价值的实现是个体通过劳动满足自我需要,是对自己本身的肯定。社会价值是指个体通过劳动满足他人和社会的需要,来获得他人和社会对自我的肯定。所以说高校教师只有通过尽职尽责地完成教书育人工作才能实现人生价值。一方面高校教师的教书育人活动是一种谋生的手段,为自己提供了物质需要和精神需要,另一方面高校教师的教书育人活动为中国特色社会主义现代化建设培养出许许多多合格的建设者和可靠的接班人,极大地满足了社会的发展的需要。

(三)教书育人的实施

1. 以教师的表率作用熏陶感染学生

高校教师在教书育人过程中,发挥着师范模范的作用,高校教师的言行举止都对学生发挥着潜移默化的熏陶作用。因此,高校教师必须不断加强职业道德修养,从自身做起,严于律己,才能做好教育学生的重任。以科学的治学精神、严谨的治学态度,努力培养优良的学风。

2. 寓思想教育于各个教学环节之中

教书育人的实施,不仅体现在课堂教学活动中,也体现在课堂教育以外的诸环节中,例如辅导答疑、考试考查、批改作业等环节。高校教师如果能够把这些环节利用好,充分渗透思想教育,也能发挥出育人的重要作用。因此高校教师可以通过学生在这些环节中的表现,更为直观、全面地了解学生对知识的掌握程度,对某一问题的看法和立场,以及所蕴含的学生智慧,然后高校教师再通过适宜的方法和手段加以引导,渗透思想教育,从而能更加有效地启迪学生的思想。

3. 要正确处理思想教育和学生学习活动的辩证关系

教书与育人,二者是相互联系、相互促进的。无论是自然科学还是社会科学的教师,都要结合教材特点,加强对大学生的全面教育和培养,自觉地做到教书育人,发挥思想教育对学生学习活动的方向引导作用和内在激励作用。要教好书,育好人,就要正确把握思想教育和知识学习活动相结合的程度、方式,以利于思想教育工作作用的发挥和学生全面发展的需要。

四、严谨治学:高校教师教育育人的重要条件

(一)严谨治学的教育意义

1. 严谨治学有利于培养大学生良好的学风

随着科学技术的进步,过去那种通过某一时段的学习而保证其享用终生的时代已经一去不复返了。当今社会变化飞快,如果不学习、保持现有水平止步不前,很快就会被时代淘汰。因此,养成学习的习惯,形成良好的学风,为自己的持续发展打下坚实的基础变得越来越重要。

学风主要包括学习精神、学习态度、学习动机与需要、学习意志、学习方法等等。这其中,学习态度是至关紧要的。培养学生良好学风的基本目的,除了使学生学到课程标准要求的知识,还要使其"学会学习",掌握正确的方法,对万事万物抱有浓烈的求知欲,主动地进行学习。

严谨治学是高校教师个人学风的实际体现,在形成大学生的良好学风方面,高校教师的影响力是巨大无比的。高校教师在教育教学中兢兢业业,甘愿坐冷板凳,一心向学,会给学生树立起严谨求实的榜样。

总而言之,培养学生的良好学风是现代高等教育的一个重要任务,要形成学生的良好学风,高校教师的严谨治学是必需的。

2. 严谨治学有利于提高高校教师的专业素质

为了促进社会主义教育事业和社会个体的全面发展,为社会

主义现代化建设事业培养更好更多的合格人才,高校教师需要不断提高自身的专业素质。提高高校教师素质的方法和途径有许许多多,其中重要的一种是培养高校教师严谨治学的治学态度。为此,高校教师就要具备好学不倦的精神以及不断更新知识、完善知识结构的积极态度,不断强化自己的教育教学能力,发展自己的教学艺术,就需要高校教师在工作中努力追求精益求精,一丝不苟,不断创新。

(二)严谨治学的实践体现

1. 培育崇高的学术旨趣

第一,勇于探索的科学精神。对高校教师来说,学术研究应是一项极其神圣、艰巨而冒险的事业。科学精神要求高校教师在学术研究中始终保持敬畏和激情,满怀热情地去发现真理、追求真理。

第二,充满责任感的人文情怀。就专门从事某一项研究的高校教师来说,其除了要具备勇于探索的科学精神外,还需要具备充满责任感的人文情怀。科学与人文是两辆马车,只有同时具备这两点,高校教师才能在学术这条道路上越走越远。学术最基本的要求是"真",其次是"善、美",三者必须和谐统一。诸多教师、教师一辈子都将辨别真理、寻求奥秘作为自己进行学术的旨趣,但学术的目的不是狭隘的、自私的,是具有大情怀、大追求的。学术研究关乎全人类的发展和社会的进步,从事学术研究的人既要有崇高的追求真理的科学精神,又要有"铁肩担道义,妙手著文章"的知识分子的担当。

作为高校教师更应具有人文情怀。毋庸置疑,教师是太阳底下最光辉的职业,其不仅承受着社会成员较高的信任、尊重和依赖,更以自己的言行影响着无数受教育者,这就决定了高校教师必须相应地履行对社会的责任,这种责任主要体现为在学术研究中要秉持社会良知和"公正"的立场,而不是见风使舵、随波逐流甚至颠倒是非。一方面,作为学术人的高校教师要关注重大现实问题,敢于去碰触现实中的复杂矛盾,对这些问题进行科学解释并提供合理的解决方案。另一方面,高校教师要勇于做社会良知的代言人,以批判的理性来引导社会发展。

第三,精益求精的治学态度。教师除了要具备勇于探索的科学精神以及充满责任感的人文情怀,还要有精益求精的科学态度。教师不同于一般从业者,不仅其自身担负着培养祖国栋梁的重任,其学术研究更关乎人民的福祉,因而需要具备精益求精的治学态度,这种态度是学术人追求学术理性、运用创新性的学术成果改变社会的基础和前提。在学术研究中得到某一结论或者成果并不代表研究有了重大突破或者大功告成,还需要经过反复的检验、实践来证明这一结论或者成果的可靠性、准确性。高校教师要为自己发表的成果负责、对自己的言论负责,这也是对社会和他人负责。具体来说,教师在从事学术研究时要多次验证自己的研究成果,包括对原始材料的周密考证、对采用例证的精心鉴别、对相关论断的反复思考等等,要做到不臆测、不妄断。高校教师在从事学术研究的过程中,要对已有的结论保持某种理性的怀疑,一旦出现新的证据时应该存疑再究。因此,当自己的研究成果受到别人的批评或指正时,应该有则改之、无则加勉,培养学术精神和大家风范。

2. 坚持学术道德

第一,坚持"实事求是"。"实事求是"表现在学术研究上即"求真"。尽管不同的教师进行学术研究的方向和方法不同,但其目的一致,都为探寻科学的真理。"求真"又包括"唯实、严谨、创新"三个方面的要义。"唯实"就是坚持真理,不迷信、不盲从,从事实出发,通过科学论证和检验寻求对象的规律性。它要求高校教师在进行学术研究时从客观实际出发,广泛搜集并且详细分析所获得的资料,以可检验的科学事实为出发点,运用公认为正确的研究方法完成科学理论的构建。"严谨",即在学术研究中谨慎、细致、周全、追求完美。"创新",即在前人已有的研究成果的基础上有新的发现。高校教师承担着创新的使命,要以创新为己任,勇于接受新思想、新事物,敢为天下先。

第二,坚持"学术民主"。"学术民主"是指要充分保障每个教师对思想的创造、阐释和传播的自由权。真正的学术研究需要鼓励不同意见的教师发表自己的见解,参与争鸣,在这一过程中,要秉承实事求是的精神,抱有与人为善的心态,同时更要以深入研究作基础,就事论事、全面客观,不求全责备。

第三,恪守"学术规范"。学术规范是调控学术主体学术行为、以使其符合学术道德的规训与制度。学术规范与学术研究活动相伴而生、相随而行。高校教师在进行学术研究的时候不能粗制滥造、弄虚作假,要恪守学术规范,肃清学术风气。

第四,坚持团结协作求创新。科学知识具有理论性,任何科学成果的完成都需要继承前人的研究成果并吸收同代人的有益思想,一个研究者只有在了解其他教师相关研究工作的基础上,才能开始自己的研究。这就需要进行学术合作。需要指出的是,学术合作是建立在各方自愿、平等的基础上,绝不允许出现不平等的关系,因此"互相尊重"是合作者应有的基本态度,同时,合作者要相互尊重对方的思想观点和研究成果,不能占为己有。

五、服务社会:高校教师职业价值的拓展

(一)服务社会是高校教师的道德责任

1. 国家富强和民族振兴的责任

当今世界呈现出知识型的特征,教育和人才成为核心竞争力,是国家富强和民族振兴的基石。作为教育者和人才培育者的高校教师既然受到国家和社会的哺育,就要勇于承担起报效国家、感恩社会的道德使命,就应肩负起服务国家、民族和人民的社会责任,从而带领一批又一批的社会主义接班人不断攻城拔寨,赢取时代发展浪潮下的新胜利,实现我国的强国之梦。

2. 促进人类社会进步的责任

教师是人类灵魂的工程师。高校教师的教育过程不仅仅是教书的过程，更是育人的过程，是促进人类自身不断完善和不断发展进步的过程。

高校教师通过自己的辛勤劳动，培养学生健全的人格，进而提升人类文明的程度。他们引导学生进行理智的怀疑和批判，学会自主和独立；引导学生崇尚知识、美感、自由和德性，更好地活出作为人的价值和尊严。大学教师向学生传播进取心、服务精神、献身精神，以使社会组织协调有序，人与自然关系和谐。

此外，高校教师的职业良心使他们自愿担当起守望人类精神家园的重任。他们不盲目趋附潮流，而是淡泊名利、维护正义。这在促进人类进步方面具有不可替代的重要作用。

(二)高校教师服务社会的主要内容

1. 传播文化，普及知识

首先，传播文化，主要是指高校教师要积极传播优秀文化，着力弘扬中华文化。高校教师具有较高的知识才华和智慧能力，是社会上文化层次较高的一个群体，向广大人民群众传播优秀文化，尤其大力弘扬优秀的中华文化无疑是高校教师的重要职责与使命。

其次，要努力普及科学知识，积极弘扬科学精神。科学知识是人类进程中认识和经验的总和，是无数有识之士智慧的结晶。今天，面向广大人民群众，努力普及科学知识，尤其要广泛弘扬体现在科学知识中的科学精神，是高校教师义不容辞的重要职责之一。

2. 热心公益，服务大众

首先，高校教师要积极参加公益活动，为人民大众服务。公益活动是一种无偿活动，纯粹出于个人意愿，以公众的福祉和利益为核心,旨在帮助他人。高校教师要走出校园,积极参加公益活动,不断提升自己的品质,磨砺自己的意志,大力弘扬公益精神,从而更好地服务社会。

其次,高校教师还要主动深入社区基层,真心服务人民群众。基层与人民群众联系最为密切,遍布着居委会、合作社、学校、工厂等人口密集的单位。高校教师只有深入社区,走到群众中间,了解群众的所思所想,才能更好地服务大众,奉献自己的力量。

六、为人师表:高校教师职业的内在要求

(一)为人师表的教育性功能

"师表"即指学习的榜样,"为人师表"就是说作为教师,要在言行和才智等各个方面做出表率并发挥榜样作用,其教育性功能主要表现为:(1)对学生的教育功能。教师教育的对象就是学生,一个拥有专业知识和素养、处处严格规范自己、不断砥砺自己的老师必将对学生形成正面的、积极的教育作用。其不仅能无形中敦促学生进行学习,促进学生的智力和道德品质的发展,还能得到学生和社会的广泛认同,受到人们的尊敬,充分发挥自身的价值。(2)对教师的激励功能。上文提到,教师做到为人师表便会得到社会的认同和人们的尊敬,这既有助于教学工作的顺利推进,也无形中增强了教师的责任感和荣誉感,从而激励其更好地投身于教育事业。(3)对社会风气的改善功能。教师率先垂范可以深刻地影响学生的言行,以学生为枢纽和桥梁又会对其亲朋好友产生积极效应,从而形成一张巨大的关系网,直接或间接地对社会成员起作用,改善社会风气。

(二)当代高校教师应有的师表风范

1. 内在思想情操的高尚性
思想情操表现为一个人的德行操守和思想品质。高校教师

要具有高尚的思想情操,就要做到以下几点。(1)对自己:修身齐家,知荣明耻,严于律己;(2)对学生:倾囊相授,关心呵护,一视同仁;(3)对同事:尊重谦让,团结友爱;(4)对工作:兢兢业业,精益求精。

2. 外在言行举止的文明性

教师言行举止的文明性主要表现在语言规范和仪表大方两个方面。前者要求教师:(1)文明用语。不粗言粗语,杜绝辱骂学生的现象;(2)规范用语。尽量使用标准普通话传授知识,不夹带方言或生造词语;(3)美化用语。为使课堂生动活泼,教师可尽量用一些优美、形象但不啰唆拖沓的词汇来与学生进行沟通,从而使得学生既接收到知识,又得到美的享受。后者要求教师:(1)衣着朴实整洁。人的衣着一定程度上体现了其审美情趣和生活品位。作为学生的榜样,教师的衣着不是要华丽,也不是要"苟日新,日日新,又日新",而是做到美观大方、整洁卫生即可;(2)举止稳重端庄。高校教师的举止要谦恭友让、和蔼可亲、落落大方,这样既能让同事感到亲切、容易相处,又能缩短与学生之间的距离、促进师生关系的融洽,还能体现出自身的良好道德修养;(3)态度和蔼可亲。学生就像是教师的一面镜子,教师在教育过程中灌输学生怎样的人生观、价值观、世界观,学生就会以类似的观念来对待自己的人生以及周围的人和事。因此,和蔼可亲是对教师师表的最基本要求。高校教师在与学生接触的过程中要慈祥温和,善于倾听,善良博爱,以自己宽广的胸怀容纳每一个学生。

3. 个性品质的健康性

教师个性品质的健康性主要体现在:(1)具有广泛的兴趣爱好。兴趣是一个人表现出对外界拥有无限好奇与热情的积极态度。教师具有广泛的兴趣爱好,不仅可以开阔眼界,拓宽自身的知识范围;还能使自己的思维和肢体更加灵活,对传统的教育形式和方法进行创新,提高教学水平;更能与学生找到共同话题,融人大学生群体之中,形成亦师亦友的良好教育关系。(2)具有积极的教育心境。教师日复一日地重复着形式繁杂、内容单一的教学工作难免会产生职业倦怠情绪,倘若沉浸在这种情绪中不加以改变,既会把这种负能量的信息传递给学生,也会降低教学质量,甚至会影响到学生的思想品质和言行举止。因而教师要及时调整自己的状态,做到积极乐观、昂扬向上、真诚热情,从而使课堂气氛更加活泼、学生注意力更加集中、教学工作更加顺利有效。(3)具有和谐的人际关系。任何人都不是独立存在的,教师同样如此。人与人之间关系的存在和发展即为"人际关系"。在平时的工作和生活中,教师不仅要处理与家人的关系,还要处理好与学生、同事、朋友甚至领导、家长的关系。良好的人际关系能为教师营造一个和谐健康的环境,从而汲取更多的爱和鼓励,更舒心地工作和生活。

第二节　主题德育对高校教师素质的要求

一、政治素质

(一)坚定的政治信念

政治信念是指一个人对某种政治理想的坚定信仰和不懈的追求。社会主义的最高理想是实现共产主义,高校德育的根本目的就是使高校学生树立中国特色社会主义的共同理想并且成长为合格的社会主义事业的接班人和建设者。要想实现这一目的,承担着教育重任的高校教师首先必须树立实现共产主义的远大理想,有坚定的政治信念,无论面临何种情况、无论身处何种场合都能摆正自己的政治方向,为建设和谐社会不懈奋斗。

(二)鲜明的政治立场

政治立场对人的行为、思想起着指引性作用,是一个人在观察、分析和处理政治问题时的根本立足点和支撑点。对于高校教师来说，政治立场问题是原则性、根本性问题，它反映了个人所代表的利益集团的利益。基于此，高校教师必须时刻端正自己的政治立场，站在人民的角度思考问题、处理问题，坚决维护党和人民的利益，在政治上与中国共产党保持一致。

（三）较高的政治水平

政治水平主要指政治辨别能力、政治敏感性以及善于从实际出发正确处理各种政治问题的能力。它是政治觉悟、马克思主义理论水平和政治实践经验相结合的产物。在科技迅猛发展，各种思想潮流不断冲击主流价值观的时代背景下，高校教师应该具有较高的政治水平，能够明辨是非，及时发现正确和错误的政治倾向，对前者加以鼓励，对后者加以批判和制止；能够始终保持清醒，拒绝各种诱惑，科学地处理各种政治问题；能够正确认知各种社会思潮，把握好时代的脉搏，使高校德育这艘巨轮在正确的航线上前行。

二、思想素质

（一）正确的思想观念

思想观念有正确与错误之分。要教育引导大学生树立正确的思想观念，教育者自己必须首先树立正确的思想观念。这就要求高校教师要树立建立在辩证唯物主义和历史唯物主义基础上的科学的世界观、人生观、价值观。此外，还要树立反映时代特点和社会进步要求的新观念，如开放观念、义利观念、审美观念等。

（二）科学的思想方法

方法是人们认识问题，解决问题的工具、手段和程序。掌握科学的思想方法是搞好高校德育的基本要求。高校教师要树立科学的世界观和方法，认真进行世界观的改造，端正思想方法和改进工作方法，不断提高自己的认识能力和分析能力，善于运用马克思主义立场、观点和方法分析环境和大学生的思想，科学地解决大学生的思想认识问题。

（三）良好的思想作风

思想作风是人们在思想、工作和生活上一贯表现出来的稳定的态度和行为，是思想素质的重要内容和综合表现。良好的作风是高校教师赢得大学生信任和充分发挥主导作用的直接因素。它主要包括：实事求是的作风，民主的作风，批评与自我批评的作风，严于律己、宽以待人的作风等。

三、道德素质

道德素质是素质体系中一个极为重要的部分，其具体表现为人在日常生活中的言行举止。高校教师道德素质的内容主要包括以下三个方面。（1）科学的道德认识。对道德的认识直接决定了高校教师的行为习惯，因此高校教师要科学理解道德的意义并付诸实践，不断提高自身的道德修养。（2）坚定的道德信念。信念如悬梁刺股的绳子和锥子，总能在徘徊不定或者难以坚持时及时注入一剂强心剂，告诉自己应该怎样做。具有坚定的道德信念能为教师提供精神力量，时刻提醒教师树立社会主义和共产主义的坚定信念。（3）优秀的道德素质。具备良好的道德素质是高校教师开展教育工作必不可少的条件之一。高校教师道德素质的主要要求有平等待人，为人师表；大公无私，乐于奉献；热爱本职，忠于职守；坚持真理，修正错误；清正廉洁，艰苦奋斗。

四、法律素质

法律素质是高校教师素质的重要组成部分。高校教师自觉进行法律素质修养,既是高校德育工作的需要,也是实现自我的需要。进行法律素质修养,主要包括下列内容。

(1)掌握工作需要的法律知识。高校教师要认真学习和掌握与本职工作相关的法律知识,以便在法制的范畴内来开展思想政治教育工作。

(2)自觉培养法律意识。法律意识是人们对于法和有关法律现象的观点和态度的总称。包括对法的本质、作用的理解,对现行法律体系和运行、对建设法治国家、对公民权利和义务认识,对法律制度的掌握和运用,对行为是否合法的识别,等等。高校教师必须具有强烈的法律意识,才能完成好对大学生进行法制教育的任务。

(3)依法办事。高校教师要在自己的工作和生活中,具有较高的法律思维水平,遇事要讲法律,讲证据,讲程序和讲法理,自觉依法决策,依法办事,遵纪守法,做大学生的表率。

五、知识素质

高校德育,从对象上讲,高校学生不是一般的对象,而是一个达到一定层次、受过良好教育的知识性群体;从工作本身讲,这是一项集复杂性、专业性、知识性为一体的要求较高的工作。教育对象以及教育者的知识性特点要求高校教师首先必须具有较高的知识素养。

(1)牢牢掌握马克思主义的相关理论知识。经过实践检验了的、在当代仍然焕发生机活力的马克思主义是高校乃至全社会进行德育的理论基础,教师只有具备了马克思主义的高素质,才能更好地向学生传播马克思主义的相关知识,为建设社会主义和谐社会打好理论和思想基础。

(2)牢牢掌握高校德育的专业知识。德育不是无源之水、无本之木,它需要前人的理论成果和自身的专业实践作支撑。高校教师只有在工作中不断吸收、消化德育方面的专业知识,才能以更生动形象的语言、更灵活多变的方法进行传授，从而收到良好的教育效果。

（3）拥有广博的相关学科知识。高校德育涉及多个学科，例如教育学、心理学、伦理学、管理学等，这就要求高校德育教师具备广博的知识，形成完整的知识体系，在教学过程中旁征博引、融会贯通、游刃有余。当然高校教师不可能样样精通，但在平时的工作生活中要注意积累和善于学习，不断汲取新的知识，拓宽自己的知识面，提高教学效果。

六、能力素质

（一）分析研究能力

高校德育过程中会经常遇到各种各样的问题，需要及时进行调查了解，分析、研究和解决。因此，高校教师必须具有较强的分析研究能力，它主要包括：一是调查研究能力；二是较高的理论研究分析能力；三是较强的逻辑分析能力，能够运用演绎法、归纳法等诸多科学的思维方法对经验进行归纳总结，对问题进行综合分析，从中得出正确的结论，并及时上升为理论，指导工作实践。

（二）语言表达能力

语言表达能力包括文字表达能力、口头语言表达能力和动作语言表达能力三个方面。高校德育过程是通过语言表达进行的，语言表达能力强弱直接影响着高校德育工作的开展与成效。因此，要成为一个好的教育者，就必须具有较强的语言表达能力。

（三）创新能力

高校德育是一项富有创造性的工作。敢于创新，善于创新是高校教师完成工作任务、实现工作目标、开创工作新局面的重要条件。一个没有创新能力，没有创新素质的高校教师是很难承担好高校德育工作重任的。高校教师要在工作中敢于和善于打破常规,积极摸索新路子,探索新经验,创造新的教育、教学方法,力求在工作中有新的发现、新的见解、新的创造、新的突破、新的特色。

（四）运用新科技的能力

现代科技的飞速发展,特别是电子计算机和多媒体技术的发展以及全球信息化,可用于高校德育的新技术、新设备和新手段越来越多,给高校德育带来了深刻的影响。高校教师必须具有运用这些新技术、新设备和新手段的能力,以便卓有成效地开展工作。

七、心理素质

（一）积极的情感

情感是人们内心对外界事物所抱肯定或否定态度的体现,如愉快、憎恶、热爱、仇恨等。以情感人,以情育人,寓理于情,是高校德育的一项基本要求和艺术。爱是搞好教育工作的心理基础。高校教师要做好工作,必须对自己从事的工作和教育对象有深沉的爱和积极的情感。

（二）良好的性格

性格,是在对人、对事物的态度和行为方式上所表现出来的个性特征,如刚强、懦弱、热情、孤僻等。性格对人际交往,沟通双方的思想感情有直接的关系。所以,高校教师要具有良好的性格。

（三）坚强的意志

意志是根据确定的目的调节支配自身行动,克服困难,去实现预定目标的心理状态。它主要表现为控制行为的力量。高校德育不可能是一帆风顺的,总会遇到这样或那样的困难,甚至是挫折与失败。因此,高校教师必须具有坚强的意志品质。

(四)广泛的兴趣爱好

兴趣是指人们对事物喜爱或关切的情绪倾向。人有了某种兴趣,就会对该事物或活动表现出积极肯定的情绪和态度,就会有行为的动力。由于大学生的兴趣十分广泛,高校教师为了联系、接触、了解和转化受教育的大学生,与大学生交朋友,与大学生打成一片,提高教育的艺术,增强教育的效果,必须使自己具有广泛的兴趣和爱好以及丰富的人格内涵。

八、身体素质

健康的身体是做好高校德育工作的"本钱"。高校德育工作是一种需要长年累月大量消耗脑力和体力的工作,有一个强健的身体,才能承担起这一繁重的工作,实现"为党健康工作五十年"的人生目标,因此高校教师要具有良好的身体素质。

第三节 促进教师职业道德素质发展的途径探究

促进教师职业道德素质发展是高等学校师资建设的核心问题。本章重点从两个方面论述提升高校教师职业道德素质的途径,即加强高校教师的外部道德教育和高校教师的自我道德修养。

一、加强对高校教师的外部道德教育

(一)严格把好入口关

教师的职责说明了教师职业的特殊性,对从业者的思想素质、专业素质、业务素质和道德素质都有明显高于其他职业的要求。为了提高教师队伍的素质,高校在选择教师人员时,首先要把好入口关,对求职者进行深入而且全面的考察,充分了解其专业素质、思想素质和道德素质。高校要选择一批具备为人民服务精神的、业务能力优秀的、全面发展的教师,以确保高校教师队伍的质量。

为了确保教师队伍的质量,《中华人民共和国教师法》规定我国实行教师资格制度。教师资格是国家对拟进入教师队伍和准备从事教育教学工作人员的最基本要求,它规定了从事教师职业必须具备的基本条件和最低任职标准,从师德和学历两个方面提出了具体要求。高校各基层单位在引进和吸纳人才时,必须按照《教师法》的规定,对其学历学术和思想道德状况进行认真的审查。在认真审查的基础上确定是否符合教师职业的基本要求,如果达不到这些要求,则应该被限制在教师职业之外。

与思想道德状况相比较而言,人才的学历和学术情况容易识别和鉴定。高校和用人单位通过对大学毕业生、博硕士研究生的学历审查,可以清楚地看到其是否符合相应的学历标准;通过试讲、学术报告以及科研成果的审查,可以对其专业理论基础和科研能力进行实际鉴定。而对人才进行政治思想和道德状况的考察就相对要难得多。过去的审查,一般都以毕业生所在学校提供的评价为依据进行选择,但这些评价有的不够真实,存在着虚假的内容,尤其是近年来毕业生就业形势日益严峻,为了提高学校的就业率,只说好话不言缺陷,一味拔高,水分过多的现象十分普遍,甚至出现"护短""遮丑"的不良作风,这就为了解和掌握人才真实的思想道德状况带来了困难。实践中我们也常常发现,一些原学校鉴定评价十分突出的人,在实际工作中不仅学业水平达不到要求,思想道德水平更是令人失望。为此,我们在选择教师时,必须对求职者的思想道德状况进行细致深入的审查和甄别,必须把好人才引进的第一道门槛。把好了这道关,就为建立一支高素质的教师队伍奠定了思想道德基础,也为教师职业道德水平的不断提高提供了可能。这就要求高等学校的人事部门和用人单位，要深入到求职者所在的单位和学校，通过多渠道、全方位的了解，掌握其真实的政治、思想、道德情况，通过比较鉴别，将思想道德高尚、专业基础扎实的优秀人才选拔到高校教师队伍中来，以保证教师队伍在起点上的高素质、高水平。

（二）正规化的岗前培训与在职培训

从实际情况来看，教师职业道德素质的提升主要有两个方面：岗前培训和在职培训。新教师上岗之前都会接受各级教育行政部门组织实施的岗前培训，在平时的工作或者寒暑假中，教师也会以不同方式接受在职培训，或网上学习、或听讲座、或参加考核。

目前高等学校教师培训的内容中，除了高等教育学、高等教育心理学外，教师职业道德教育是其中的一项重要内容，这对树立教师职业理想、提高教师职业道德水平具有积极促进作用。但是，从培训的实际情况看，也存在着一些不容忽视的问题。一是接受培训者普遍存在对职业道德教育的逆反心理和应付态度，认为做教师还得看真才实学，看教学技能，有没有职业道德并无大碍。因此，在高校教师岗前培训中，教师职业道德课往往是出勤率最低的。二是授课教师的水平不高。目前，职业道德教育的任课教师人员不固定，知识和能力水平不够高。有的人伦理学理论基础不够扎实，有的人对新时期高校教师职业道德的本质、内涵、特点和规律缺乏研究，这对主要以研究生为主的新的教师来说，无论是在知识的广度上还是在分析问题的深度上都是不能适应的。所以，建立一支相对稳定的、高水平的职业道德教育师资队伍，是提高培训质量的基本条件之一。

在职培训是针对已经取得教师资格并从事教育教学工作的教师进行的。进入教师队伍后2～3年，应进行一次在职培训。培训前应对新教师的师德状况进行较深入的调研，全面掌握新教师的师德状况，有针对性地、有典型性地（正、反事例）进行师德教育培训,以强化职业道德意识,培育职业道德素质。间隔5～8年,应进行第二次在职培训,以不断更新职业道德内容,提高职业道德水平,形成职业道德习惯。制度化、系统化的职业道德教育和培训,可以使教师的职业活动始终运行在正确的轨道上,有利于巩固教育成果,形成教师良好的职业道德习惯。

无论是岗前培训还是在职培训,都要注重培训结果的实效性,不能搞"面子工程",要将培训落到实处,使教师深刻认识到培训的重要性,增强培训内容的趣味性和生动性,聘请有扎实的专业知识以及讲授方法灵活多样的主讲人进行培训,从而使教师自觉、自愿地参加岗前培训和在职培训,促进职业道德素质的发展。

(三)规范化、制度化管理

规范化和制度化管理对教师的职业道德素质的培养和提高有着至关重要的作用,主要表现在:(1)为教师营造一个平等有序、风气纯正的工作环境,提高教师的职业认同感;(2)通过各种规范和制度的约束,使教师在行为实践中养成良好的道德习惯。在高等学校中不乏贪赃枉法、借溜须拍马趁机上位的情况,秩序较为混乱,风气较为浑浊,严重缺乏规范化和制度化的管理,这种情形不免使一些教师常常感到自己受到了不公正的待遇。一旦出现这种状况和不良情绪,既不利于教学工作的开展——影响到教师教学的积极性和主动性,甚至会使教师与领导之间的关系逐渐恶化,造成人际关系的不和谐;也不利于教师自身的身心健康——在压抑和愤懑的环境中工作可能患有抑郁症等心理疾病,造成世界观、人生观、价值观的扭曲。而一个制度健全、管理规范的环境,会营造出一个公平公正、积极向上的工作氛围,使其成员产生安全感和愉悦感,从而调动教师的劳动积极性以及认真履行职业道德的自觉性。此外,规范化和制度化的管理有利于教师养成良好的道德习惯。制度化、规范化管理所营造的良好氛围和环境,使遵守管理制度、服从道德规范的行为得到肯定和褒奖,使违规违法的不良行为受到惩处和贬抑。制度的连续性和规范化管理的奖惩分明性,使不良行为失去了生存的土壤和环境,使遵守教师职业道德规范成为人们的基本行为方式,并慢慢变成人们的行为习惯和自觉要求,最终使教师摆脱规范必然性的限制,达到道德的自由境界。

鉴于制度化、规范化管理对教师职业道德具有积极促进作用,高校及各院系领导应克服人治积习,加强规范化、制度化管理。首先应制定切实可行的教学、科研、班主任、军训、实习、参加集体活动的各项规章、制度、条例,应建立健全对教师各项师德状况的评估、考察、反馈制度。这些规章制度要具体明确,有可操作性;其次要广为宣传,人人皆知,并一丝不苟认真贯彻执行。通过规范化、制度化的教育和管理,通过强化外部约束,把教师的职业活动纳入职业道德要求的轨道,使广大教师在长期的制度化、规范化管理和道德实践中,形成良好的职业道德传统和行为习惯。

二、加强高校教师的自我道德教育与自我修养

(一)形成正确的职业道德认识

道德认识是产生道德情感的起点和基础,磨炼道德意志的动力,评价道德行为的准绳。具体而言,它是指人们对道德价值、规范和原则的理解和掌握,是对"应当如何"的认知,包括道德概念、道德观点的形成和道德判断能力的提高。人们只有对某一道德原则和规范有较为明确的认识,充分信任其合理性,才能较自觉地在实践中相应地采取行动。而教师职业道德认识是教师在教育教学实践、社会实践中对其职业道德价值、规范、原则及其意义的认识,具体包括对教师职业社会道德价值的认识,教师职业道德概念、道德观点的形成,职业道德判断力的提高。

教师职业只占社会众职业的一个微小份额,平凡而普通,但教育事业又担负着培养社会未来建设者、接班人的使命,伟大而神圣。作为教师大军中的普通一员,高校教师应树立"在平凡岗

位上做不平凡事情"之理念。此外,就高校自身特点而言,它是人才培养基地,也是学术研究、高科技研发的有利场合,这赋予大学教师三种缺一不可的独特身份:教教师、教师、服务者。作为教教师,高校教师应认识到教学始终是主业,不应只顾第二职业而忽视知识传播者的身份。而学生衡量一名合格教师的首要标准正是其教学业务水平,如马卡连柯所说:"学生可以原谅教师的严厉、刻板甚至吹毛求疵,但不能原谅他的不学无术。"[①]所以,高校教师如不能认识本职业的教育性和专业性,其职业道德认识是不完备的;作为教师,高校教师应意识到科研是科学、教学发展的要求,是社会赋予他们的又一使命。正如我国物理学家、教育家钱伟长所说:"你不上课,就不是老师;你不搞科研,就不是好老师。教学是必要的要求,不是充分的要求,充分的要求是科研……教学没有科研做底子,就是一个没有观点的教育,没有灵魂的教育。"[②]作为服务者,高校教师应意识到自身和高校的生存依赖于社会和政府的支持,他们有义务以科技成果转化、人才培训、学术报告、政策论证以及政策咨询等服务形式来回报社会。因而,高校教师应明确自身职业道德认识,既认识到教师职业的平凡性、伟大性,又领悟到高校教师职业独特的教育性、专业性和服务性。只醉心于充当"教书匠"的角色,没有能力承担科研、成果转化等责任,抑或埋头于学术研究,对学生不闻不问,再抑或痴迷于社会服务所带来的财运,置学校事务于脑后等,都是职业道德认识不到位的表现。

(二)反思自我,加强自我修养

要想成为一个道德高尚的人,就要不断反思自我,加强自我修养。在中国传统伦理思想中有丰富的关于道德修养的思想资料,其中有许多值得高校教师吸收和借鉴,运用其所倡导的内省方法不断地解剖自己,审视自己,提升自我修养。孔子所说的"吾

---

① 李宁. 论教师素质[J]. 中等医学教育,1997(2)
② 方明伦. 钱伟长文选(第2卷)[C]. 上海:上海大学出版社,2004,第119页

日三省吾身""见贤思齐,见不贤而内自省";孟子主张的"存心说""寡欲说""勿忘勿助"的道德修养理论和方法;朱熹所主张的"省察克治之功"的道德修养论;王阳明所提倡的勇于解剖自己,审视自己,严于律己,"除恶务尽"的自我修养论以及道德修养中的"慎独"方法和境界,都是中华民族关于道德修养的优秀道德传统,也是当代教师职业道德修养应该继承和汲取的宝贵道德文化遗产和思想资料。教师应该在年终考评、民主生活会上,认真总结自己的师德情况,进行自我剖析、自我评价、自我反思,要敢于"刺刀见红",敢于"揭伤疤",更应该在日常工作中,时时反思,日日修养,发现问题,立即改正。高校教师只有通过坚持不懈的自我修养,才能时时提起自己履行职业道德的自觉与警觉,才能把外在的师德规范变成内在的道德自律,变成自己自觉的行为准则,从而使教师的职业道德人格不断得到完善,使教师的职业道德素质得到不断提高。

(三)强化规范的职业道德行为

在职业道德修养目标中,如果说职业道德认识是先导,职业道德情感是动力,职业道德意志是保证,那么职业道德行为则是归宿和外部表现。职业道德行为是个人品德的职业行为特征,它包括职业道德的行为技能和职业道德习惯两方面。所谓教师职业道德行为是教师在正确的道德认识指导下,选择有利于学生、他人和社会的行为。在当今经济全球化、观念国际化的条件下,高校教师职业道德行为尤为重要,它关系到教师、学校的道德形象,关系到大学生的成长。因此,高校教师职业道德行为必须从"责任感"和"规范性"两方面加以强化。

第一,责任感。在教育实践中,教师理解、体验和把握着社会赋予的责任,形成了教师责任感。就大学教师而言,责任感来自于他们对职业道德规范的认同,并表现在教育教学、学术研究和社会服务等实践中:责任感促使他们尽心地上好每一堂课以点燃学生理想的火炬,责任感推动他们在学术研究的漫长道路中不违背良心以造福人类,责任感鞭策他们在工作中高标准、严要求以完成社会授予的使命。职业道德规范虽与规章制度有相似之处,但一个人若违反了一定的规章制度可能会受到惩罚,而教师隐匿的工作特征却决定无法对他们的道德水平进行考究。如"关心学生,尊重学生人格,平等对待",但做到什么程度才算是关心、尊重?"求实创新,致力科学研究,坚持教学与科研的统一",那如何做才算达到"教学与科研"的统一? 教师在制度化的道德教育下该当明晰职业道德中的"应然",但因教师本人缺乏为师者的责任感,未对所处的群体产生一种责任意识和认同感,从而导致他们在实践中出现行为上的失范。

第二,规范性。作为一名合格的高校教师必须严于律己,警惕其一言一行、一举一动对学生造成的消极影响,处理好言行和身教的关系。身处崇尚自由环境的大学教师应意识到"教育无小事、教师无小节",教师职业决定着他们的一言一行都是在为塑造灵魂而奔忙。因而,他们必须时时、处处注意自己的举止是否文明端庄,说话是否文雅和气,衣着是否整洁大方,待人是否谦虚礼貌,忌衣衫不整,举止粗俗,出言不逊。教师只有从点滴中规范行为,以身作则,才能成为学生学习的榜样,亦能促使整个学校师德面貌的改善。

参考文献

［1］艾四林.中国梦与大学生思想政治教育［M］.北京：中国文史出版社,2014.

［2］柏路.大学生马克思主义幸福观教育研究［M］.北京：中国书籍出版社,2015.

［3］卢思锋.聚焦理性爱国［M］.北京：北京交通大学出版社,2014.

［4］郭广银.社会主义核心价值观教育研究丛书爱国［M］.南京：江苏人民出版社,2014.

［5］陈明吾.全球化背景下我国大学生爱国主义教育研究［M］.武汉：长江出版社,2014.

［6］孙正林.当代大学生主题教育研究［M］.北京：人民出版社,2014.

［7］何仁富、肖国飞、汪丽华.大学生生命教育的理论与实践［M］.北京：中国广播电视出版社,2012.

［8］刘恩允.大学生生命教育研究［M］.北京：中国社会科学出版社,2012.

［9］梅萍.当代大学生生命价值观教育研究［M］.北京：中国社会科学出版社,2009.

［10］欧巧云.当代大学生生命教育研究［M］.北京：知识产权出版社,2008.

［11］陈志勇.新媒体时代的大学生思想政治教育［M］.北京：中国文史出版社,2014.

［12］陈芝海.大学生社会主义核心价值观教育研究［M］.北京：光明日报出版社,2012.

［13］陈鹏联,刘建伟.中国梦与中国特色社会主义概论［M］.北京:电子工业出版社,2014.

［14］陈建华.思想道德修养［M］.南昌:江西高校出版社,2010.

［15］陈国荣.梳理与构建:大学生思想政治教育理路研究［M］.北京:中国社会科学出版社,2012.

［16］陈秉公.21世纪思想政治教育工作创新理论体系［M］.长春:吉林教育出版社,2000.

［17］陈福生,方益权,牟德刚等.大学生思想政治教育新论［M］.杭州:浙江大学出版社,2008.

［18］邓演平.大学生思想政治教育论［M］.长沙:湖南大学出版社,2009.

［19］方鸿志,李洪军.高校思想政治理论课教学管理创新研究［M］.沈阳:辽宁大学出版社,2013.

［20］傅维利.教师职业道德教育指南［M］.北京:高等教育出版社,2009.

［21］官汉蒙.大学生心理健康教育教程［M］.长沙:湖南人民出版社,2011.

［22］吕建国.大学生心理健康教育［M］.成都:四川大学出版社,2005.

［23］周家华,王金凤.大学生心理健康教育［M］.北京:清华大学出版社,2010.

［24］张卫平.高校心理健康教育研究［M］.沈阳:辽宁大学出版社,2013.

［25］戴朝护.大学生心理健康［M］.北京:北京大学出版社,2011.

［26］李斌山,杨金娥.大学生心理健康［M］.北京:科学出版社,2008.

［27］梅宪宾.大学生心理健康教育［M］.长春:吉林大学出版社,2011.

［28］许德宽，朱俊梅.大学生心理健康教育［M］.北京：清华大学出版社，2009.

［29］韩延明.大学生心理健康教育［M］.上海：华东师范大学出版社，2010.

［30］程刚.大学生思想政治教育质量提升模式研究［M］.北京：中国书籍出版社，2015.

［31］于晓雷.实现中国梦的生态环境保障［M］.北京：红旗出版社，2013.

［32］季海菊.高校生态德育论［M］.南京：东南大学出版社，2011.

［33］张运君，杜裕禄.大学生生态文明教育读本［M］.武汉：湖北科学技术出版社，2014.

［34］张玉霞.大学生生态道德教育研究［M］.银川：宁夏人民出版社，2010.

［35］吴威威.现代化视域下的大学生公民责任教育研究［M］.北京：中国社会科学出版社，2015.

［36］张瑞.大学生责任教育新编［M］.济南：山东人民出版社，2014.

［37］杨燕，丁文敏.大学生责任教育概论［M］.济南：山东人民出版社，2012.

［38］黄蓉生.大学生诚信读本［M］.南京：江苏人民出版社，2014.

［39］王淑芹.大学生诚信伦理研究［M］.北京：人民出版社，2012.

［40］姚刚.大学生诚信教育论纲［M］.郑州：郑州大学出版社，2013.

［41］黄蓉生.当代大学生诚信制度建设及加强大学生思想政治工作研究［M］.北京：经济科学出版社，2013.

［42］李志辉.当代国外思想政治教育模式及其借鉴意义［J］.河北理工大学学报（社会科学版），2010（06）.

［43］张成伟，周彩根.创新主题教育与改进大学生思想政治教育工作［J］.考试周刊，2010（27）.

[44] 周彩根,刘锁娣.建设主题教育体系 创新和延伸大学生思想政治工作[J].常州信息职业技术学院学报,2010(03).

[45] 蔡泉英,陈康生.开展主题教育 创设和谐教育环境[J].江西教育,2010(18).